Die Alpträume des Dr. Thilo Sarrazin

Walter R. Kaiser

Die Alpträume
des Dr. Thilo Sarrazin

Fakten und Folgerungen
aus und zu dem Buch

Deutschland schafft sich ab

Bibliografische Information der Deutschen Nationalbibliothek:
Die Deutsche Nationalbibliothek verzeichnet diese Publikation in
der Deutschen Nationalbibliografie; detaillierte bibliografische
Daten sind im Internet über http://dnb.d-nb.de abrufbar.

Satz, Umschlaggestaltung, Herstellung und Verlag:
Books on Demand GmbH, Norderstedt

ISBN: 978-3-8423-9525-1

Inhaltsverzeichnis

Vorwort 7

Einleitung 9

1 Sarrazin und seine Motive 11
   1.1 Wer ist Dr. Thilo Sarrazin? 11
   1.2 Was sind Sarrazins Motive? 13

2 Steine des Anstoßes 15
   2.1 Artikel in Lettre International 15
   2.2 Das Basken- und Judengen 16

3 Fakten, Thesen, Folgerungen 19
   3.1 Evolution der Kulturen 19
       3.1.1 Stehen wir vor dem Untergang
              der deutschen Kultur? 19
       3.1.2 Wie sieht Sarrazin historische
              Zusammenhänge? 21
   3.2 Jugend und Demographie 23
       3.2.1 Bevölkerung weltweit und in
              Deutschland 23
       3.2.2 Generationenvertrag und Jugend 25
       3.2.3 Selektierte Einwanderungen 29
   3.3 Islam und Integration 33
       3.3.1 Religion zur Abgrenzung 33
       3.3.2 Gemeinsamkeit und Unterschied 35

    3.3.3 Aufklärung und Integration 38

    3.3.4 Gewaltpotential der Religionen 41

  3.4 Genetik und Intelligenz 43

    3.4.1 Intelligenz erblich oder nicht 43

    3.4.2 Intelligenzbegriff und IQ 45

    3.4.3 Intelligenz der Jungen und der Alten . . 47

    3.4.4 Einfluss der Kultur 50

    3.4.5 Dummheit und Intelligenz sind
        „erblich" 53

4 Traum und Alptraum 55

  4.1 Was man tun kann 55

  4.2 Sarrazins Traum 60

  4.3 Sarrazins Alptraum 62

  4.4 Wanderers Nachtlied 64

Zitatenauswahl 67

Literaturübersicht 91

Internetquellen der Bildzitate 95

Vorwort

Die Familie Sarrazin mischt deutsche Politiker, professionelle Ignoranten aber auch bisher Gutgläubige und Vertrauensselige auf. Erst war es Dr. Thilo Sarrazin mit seinen provokanten Thesen und dem Buch *Deutschland schafft sich ab*. Nun steigt auch seine Frau in den Ring. Sie plant, wie man aus der Presse entnehmen kann, über Bildung und das Bildungssystem in Deutschland sich ebenfalls in einem Buch zu äußern. Erste Talkshows hat sie bereits absolviert.

Die Diskussionen über Sarrazins Buch werden zwar nicht mehr so heiß geführt wie vor ein paar Monaten. Nachdem Sarrazin nicht mundtot gemacht werden konnte, sind viele Politiker auf den Zug noch schnell aufgesprungen, der sich zur allgemeinen Überraschung durch seine Thesen rasch in Bewegung gesetzt hat.

Und wenn selbst der ehemalige EKD Ratsvorsitzende und Bischof von Berlin-Brandburg, Wolfgang Huber, Thesen von Sarrazin wiederholt (FAZ 22.1.2011), wird es vielleicht Zeit, sich doch etwas intensiver mit Sarrazins Buch zu beschäftigen. So schreibt Huber, ähnlich wie Sarrazin, über Anforderungen an Einwanderer: *„Dass sie Verantwortung für das eigene Leben übernehmen, sich an der Mehrung des gesellschaftlichen Wohlstandes beteiligen und den gesellschaftlichen Zusammenhalt fördern"*. Und im gleichen Artikel schreibt er weiter: *„Der Islam … wird sein Verhältnis zur Religionsfreiheit klären müssen, wenn er im Rechtsstaat und vor modernen Gerechtigkeitsvorstellungen bestehen will."*

Aber es sind nicht nur Einwanderer und Muslime, mit denen sich Sarrazin in seinem Buch beschäftigt. Man kann seine über neun Kapitel verteilten Ausführungen in vier Themenkomplexe zusammenfassen: Evolution der Kulturen, Jugend und Demographie, Islam und Integration sowie Genetik und Intelligenz. Zwar ist der Generalsekretär des Zentralrates der Juden, Stefan Kramer, der Meinung, *„dass Sarrazin mit seinem Gedankengut Göring, Goebbels und Hitler große Ehre erweist"*. Und er, Kramer, wolle sich nicht auf das Niveau von Sarrazin begeben. Würde er das tun, dann würde er das als *„intellektuellen Dünnschiss"* bezeichnen (www.bild.de, 9.10.2009). Doch letztlich konnten die Daten, auf denen Sarrazin seine Thesen aufbaut, bisher nicht wirklich widerlegt werden.

Die folgenden Ausführungen sind …

… für solche, die sein Buch nicht lesen wollen,

… für solche, die sein Buch noch lesen wollen,

… für solche, die sein Buch schon gelesen haben.

Der Text basiert auf Vorträgen unter dem gleichen Titel. Er orientiert sich an Originalzitaten. Ergänzungen zu einigen Themen und Zitate von Journalisten und Schriftstellern aus Zeitungen und Zeitschriften geben einen Einblick in die Diskussion um Sarranzins Buch. Eigene Recherchen in Literatur und Internet verdeutlichen manche Themen. Viele Abbildungen erleichtern das Verständnis.

Heimsheim im März 2011

Walter R. Kaiser

Einleitung

Während eines Fernsehinterviews von RTL/Stern TV mit Günter Jauch am 27. Oktober 2010, 22:15 Uhr, wurde Sarrazin gefragt, ob er den Erfolg seines Buches erwartet habe. Sarrazins darauf: *„Ich hätte gedacht, vielleicht verkaufe ich 50.000 Bücher. Das ist auch gut für die Mühe, die ich gehabt habe. Ich hatte gehofft, vielleicht auf 100.000."* Verkauft wurden über eine Million Exemplare. In der gleichen Sendung kamen auch Joachim Barloschky, Stadtteilmanager und Sozialarbeiter aus Bremen-Tenever und Houaida Taraji, Frauenbeauftragte beim Zentralrat der Muslime und Frauenärztin, zu Wort. Frau Taraji beschuldigte Sarrazin der Diskriminierung von Migranten. Auf die Frage von Sarrazin, ob sie denn sein Buch gelesen habe, musste sie eingestehen, dass sie nur Auszüge daraus kennen würde. Barloschky bezichtigte Sarrazin rassistischer Aussagen. Auch er musste zugeben, dass er nur Buchauszüge kenne. Darauf Sarrazin: *„In meinem Buch gibt es keine einzige rassistische Aussage. Was Sie, da Sie es nicht kennen, auch gar nicht beurteilen können."* Nach dieser Aussage gab es aus dem Publikum Beifall.

Vielleicht haben manche von Ihnen das Buch *Deutschland schafft sich ab* gekauft und auch vollständig durchgearbeitet. Denn nur dann wissen Sie, wie mühsam es ist, sich durch 463 Seiten durchzuackern, viele der 546 Endnoten nachzuschlagen und länger als zwei Stunden am Text zu bleiben. Das Buch strotzt vor Zitaten, Tabellen, Zahlen. Es ist in überwiegend trockenem und teilweise umständlichem Sachbuchstil geschrieben und es gibt einige Wiederholungen. Wer es gekauft, aber nicht ganz gelesen hat, befindet wahrscheinlich sich in guter Gesellschaft. Und wer von Ihnen es noch nicht gelesen hat oder nicht lesen will – aus Zeitgründen oder anderen Motiven – gehört zu der Mehrheit deutscher erwachsener Bürger oder Bürgerinnen.

Abb. 1: Sarrazin im Gespräch mit Günther Jauch
28.10.2010 in RTL/Stern TV

Die folgenden Ausführungen orientieren sich nicht chronologisch an den 9 Kapiteln des Buches. Es sind vier Themengruppen, die ich für Sie herausgearbeitet habe: Evolution der Kulturen, Jugend und Demographie, Islam und Integration, Genetik und Intelligenz. Dazu gibt es zusätzliche Informationen, die nicht in Sarrazins Buch zu finden, aber für das Verständnis seiner Aussagen hilfreich sind.

1 Sarrazin und seine Motive

1.1 Wer ist Dr. Thilo Sarrazin?

In einem Interview der Zeitschrift Welt am Sonntag im August 2010 bezeichnet er sich selbstironisch als *„europäische Promenadenmischung"*. Er entstamme einer Hugenottenfamilie, habe eine englische Großmutter und eine italienische Urgroßmutter. Geboren wurde er am 12. Februar 1945 in Gera als Sohn eines Arztes[1]. Er wuchs in Recklinghausen auf, machte dort auch sein Abitur am altsprachlichen Gymnasium. Nach dem Wehrdienst studierte er Volkwirtschaftslehre an der Universität Bonn. Dort promovierte er auch. Sarrazin ist verheiratet und hat zwei Söhne. Seine Berufstätigkeit begann er danach bei der SPD-nahen Friedrich-Ebert-Stiftung als wissenschaftlicher Angestellter. In dieser Zeit trat er auch in die SPD ein. Ab 1975 war er im Bundesministerium für Finanzen tätig, dann im Bundesministerium für Arbeit und Sozialordnung und anschließend wieder im Finanzministerium. Er war enger Mitarbeiter des Finanzministers Matthöfer und dessen Nachfolger Lahnstein. Er hatte also bis hierher schon eine beachtliche Karriere in Politik nahem Umfeld hinter sich.

Nach einer kurzen Episode als Vorstand bei der Deutschen Bahn AG – sie dauerte knapp zwei Jahre – wurde er 2002 Senator für Finanzen in Berlin. Er war eine umtriebige Persönlichkeit mit vielen Nebenämtern. Als Mitglied des Berliner Senats hielt er in einem dieser Jahre mit

---

[1]   Daten basieren weitgehend auf Angaben in www.wikipedia.de; Zugriff 2.11.2010

46 solcher Nebentätigkeiten den Rekord in dieser Disziplin – unter anderem als Aufsichtsrat in verschiedenen
Unternehmen. Zu dieser Zeit stand er für eine strenge
Spar- und Haushaltspolitik. Im Jahr 2007 erwirtschaftet
unter ihm Berlin erstmals in seiner neueren Geschichte
einen Haushaltsüberschuss. Sarrazin scheute sich nicht,
mit deutlichen Worten auf Missstände in Berlin bei Harz
IV Empfängern und Migranten hinzuweisen.

Abb. 2: Dr. Thilo Sarrazin, geb. 12.2.1945
Sarrazin nennt sich selbst eine „europäische Promenatenmischung"

Von 2009 bis zu seinen erzwungenen Ausscheiden
Ende September 2010 war er im Vorstand der Deutschen Bundesbank. Auslöser war – wie allgemein bekannt sein dürfte – die äußerst kontroverse, teilweise
unqualifizierte und polemische Diskussion um sein
Buch „Deutschland schafft sich ab". Hinzu kamen
Äußerungen in Interviews, die für viele Leute höchst
provozierend waren.

Wer Sarrazin in Interviews und Vorträgen gehört hat wird zustimmen, dass er kein besonders mitreißender Redner ist. Seine Sprechweise ist langsam, stockend, manchmal fast stotternd und mit vielen Äs durchsetzt. Ein äußeres Handicap ist auch, dass seine rechte Gesichtshälfte teilweise gelähmt ist; Folge einer Operation eines gutartigen Tumors am Innenohr im Jahr 2004. Es sieht daher so aus, aus würde er sein rechtes Auge immer etwas zukneifen. Nichtdestotrotz fanden und finden seine Aussagen die Aufmerksamkeit und Zustimmung eines sehr breiten Publikums.

1.2 Was sind Sarrazins Motive?

Zwei Zitate sind es, die man als Schlüsselzitate für seine Motive betrachten kann. Eines steht auf Seite 309 seines Buches, das andere – sehr ähnlich lautend – auf Seite 392. Beide Male wird die Befürchtung erkennbar, dass Deutschland durch die Zuwanderungen seine Identität verlieren könnte.

Hier das erste Zitat aus Seite 309: *„Ich möchte, dass auch meine Urenkel in 100 Jahren noch in Deutschland leben können, wenn sie dies wollen. Ich möchte nicht, dass das Land unserer Enkel und Urenkel zu großen Teilen muslimisch ist, dass dort über weite Strecken türkisch und arabisch gesprochen wird, die Frauen ein Kopftuch tragen und der Tagesrhythmus vom Ruf der Muezzine bestimmt wird."*[2] Das zweite Zitat auf Seite 392 lautet:

---

[2] Sarrazin, Thilo (2010): Deutschland schafft sich ab, 8. Auflage, S. 309

„Ich möchte aber, dass meine Nachfahren in 50 und auch in 100 Jahren noch in einem Deutschland leben, in dem die Verkehrssprache Deutsch ist und die Menschen sich als Deutsche fühlen, in einem Land, das seine kulturelle und geistige Leistungsfähigkeit bewahrt und weiterentwickelt hat, in einem Land, das eingebettet ist in einem Europa der Vaterländer."[3]

Mit seinem Buch will Sarrazin also aufzeigen, was mögliche Ursachen für eine Überfremdung sind, was man bisher versäumt hat und welche weiteren Maßnahmen erforderlich wären, um Überfremdung und Überforderung der Sozialsysteme zu verhindern. Ganz zum Schluss, im Kapitel 9, löst sich Sarrazin von den Fakten und zeigt zwei mögliche Szenarien. Er bezeichnet eine Alternative als seinen Traum, die andere seinen Alptraum. Wobei er seinen Alptraum ausführlicher beschreibt als seinen Traum. Daher auch der Titel dieses Buches: Die Alpträume des Dr. Thilo Sarrazin.

---

[3] Sarrazin, Thilo (2010): Deutschland schafft sich ab, 8. Auflage, S. 392

2 Steine des Anstoßes

2.1 Artikel in Lettre International

Was waren die Steine des Anstoßes? Die Aufregung begann mit einer Sonderausgabe der Kulturzeitschrift *Lettre International* im September 2009. Die Zeitschrift bringt es kaum auf etwa 20.000 Exemplare, erscheint vierteljährlich und war bis dahin nur einem relativ kleinen Leserkreis bekannt. Gegründet wurde sie in Berlin im Jahr 1988 als deutsche Ausgabe der gleichnamigen französischen Zeitschrift, deren Gründungsjahr 1984 war. Anlass der Sonderausgabe war der 20. Jahrestag des Mauerfalls. Neben anderen Künstlern und Autoren, kam darin auch der damalige Finanzsenator von Berlin, Dr. Thilo Sarrazin zu Wort.

"Je niedriger die Schicht, umso höher die Geburtenrate... „

"Die Türken erobern Deutschland ...durch eine höhere Geburtenrate. „

„Ich muss niemanden anerkennen, der ... ständig neue Kopftuchmädchen produziert."

Titelbild der Ausgabe
Oktober 2009 mit Interview

Abb. 3: Kulturzeitschrift Lettre International
Ausgabe Oktober 2009 mit Interview von Sarrazin

Auf dem Hintergrund seiner Erfahrungen mit Hartz IV Empfängern und Migranten in Berlin machte Sarrazin Aussagen wie: *„Je niedriger die Schicht, umso höher die Geburtenrate. Die Araber und Türken haben einen zwei- bis dreimal höheren Anteil an Geburten, als es ihrem Bevölkerungsanteil entspricht. Große Teile sind weder integrationswillig noch integrationsfähig."* Oder:*„Die Türken erobern Deutschland genauso, wie die Kosovaren das Kosovo erobert haben: durch eine höhere Geburtenrate.* „Oder: *„Ich muss niemanden anerkennen, der vom Staat lebt, diesen Staat ablehnt, für die Ausbildung seiner Kinder nicht vernünftig sorgt und ständig neue Kopftuchmädchen produziert."*

Über diese politisch nicht weichgespülten Formulierungen erregten sich die Gemüter von Politikern, Verbandsvertretern, selbsternannten Integrationsaposteln und Minderheitensprecher. Hinzu kam, dass Sarrazin in Zusammenarbeit mit einer Ernährungsberaterin einen Speiseplan für Hartz IV Empfänger ausgearbeitet hat. Darin versuchte er nachzuweisen, dass auch mit begrenzten finanziellen Mitteln durchaus eine ausgeglichene Ernährung möglich sei.

2.2 Das Basken- und Judengen

Und dann war da noch ein Interview mit der Berliner Morgenpost, das am 22. August 2010 veröffentlicht wurde. Auf die Frage, ob es für Bevölkerungsgruppen eine genetische Identität gäbe, antwortete Sarrazin: *„Alle Juden teilen ein bestimmtes Gen, Basken haben bestimmte Gene, die sie von anderen unterscheiden."* Das „Judengen" war durch die Presse geboren.

Abb. 4: Aufregung bei Politikern aller Parteien
Vorverurteilungen fanden statt, ohne dass man das Buch gelesen hat.

Damit war Sarrazin in der öffentlichen Diskussion sozusagen zum Abschuss freigegeben. Der Generalsekretär des Zentralrates der Juden, Stephan Kramer [4] schoss denn auch gleich mit großkalibriger Munition, indem er sagte: *„Ich habe den Eindruck, dass Sarrazin mit seinem Gedankengut Göring, Goebbels und Hitler große Ehre erweist. … Er steht in geistiger Reihe mit den Herren."* Die Sätze des (damals noch) Bundesbank-Vorstandes seien *„perfide, infam und volks-verhetzend"*. Und er fügte hinzu: *„Ich will mich nicht auf das Niveau von Sarrazin begeben. Würde ich das tun, würde ich das als intellektuellen Dünnschiss bezeichnen."*

Es war also zu Beginn gar nicht sein Buch, das Sarrazin in die Schusslinie von Politikern, Verbandsvertretern,

---

[4] Quelle. www.bild.de; 9.10.2009, 14:44 Uhr; „Zentralrat der Juden stellt Sarrazin mit Hitler in eine Reihe"

Lobbyisten und selbsternannten Moralhütern brachte. Inzwischen haben sich die Gemüter wieder etwas beruhigt. Dennoch schreibt der Schriftsteller Thomas Lehr noch am 18. Januar 2011 in einem Artikel in der *Frankfurter Allgemeinen Zeitung*, das Buch sei ein „… *Gebräu aus Statistik, Ressentiments und Paranoia aus dem Hause Sarrazin*".[5]

---

[5]   Lehr, Thomas: Goethe war Araber, in: Frankfurter Allgemeine Zeitung, 18.1.2011, S. 19

3 Fakten, Thesen, Folgerungen

3.1 Evolution der Kulturen

3.1.1 Stehen wir vor dem Untergang der deutschen Kultur?

Für die natürliche Evolution gilt der biologische Imperativ, der da lautet: Ein Lebewesen will als Individuum möglichst lange leben und in seinen Nachkommen weiterleben. Für die kulturelle Evolution gilt ähnliches: Angehörige einer Kultur, eines Sprachraumes, einer Religion wollen ihre Kultur, ihre Sprache oder ihre Religion erhalten und möglichst weiter ausbreiten. Aber ebenso, wie keine Art bisher dauerhaft auf der Erde überlebt hat, geschieht es auch Kulturen: Irgendwann verschwinden sie und landen im Abfalleimer der Geschichte. Es sind nicht nur die sogenannten primitiven Kulturen, die erlöschen. Die Reiche der Sumerer, Perser, Etrusker, Inka, Maya, Azteken, das römische, byzantinische, osmanische Reich – sie alle waren Hochkulturen. So mächtig und dominierend sie ehemals auch auftraten: Sie sind verschwunden, sie wurden vernichtet, sie wurden von anderen Völkern assimiliert, ihre Identitäten sind erloschen. Interessant sind sie heute hauptsächlich noch für Historiker und als Material für den Geschichtsunterricht. Ist es vor diesem Hintergrund nicht eine Illusion zu glauben, deutsche Sprache und deutsche Kultur wären für die Ewigkeit?

Die Fragen, warum und wie Kulturen untergehen, haben schon immer Historiker beschäftigt. Der deutsche Kulturhistoriker Oswald Spengler (1889 - 1936) zeigt in seinem 1918 veröffentlichten dickleibigen Buch mit dem Titel „Der Untergang des Abendlandes"[6] auf, dass Kulturen sich analog des Jahreszeiten-Zyklus entwickeln: Frühling (die Entstehung), Sommer (die Reifezeit), Herbst (die Vollendung) und Winter (der Untergang). Spengler folgerte aus seinen Betrachtungen, dass sich das Abendland – also unser Kulturraum – in der Endphase befinden müsse. Und die Endphase sei dann erreicht, wenn Kultur in Zivilisation übergehe.

Jared Diamond
Evolutionsbiologe
*1937

JARED DIAMOND

KOLLAPS

Warum Gesellschaften
überleben
oder untergehen

1. Auflage 2005, 704 Seiten

„Heute sind alle Gesellschaften so stark verflochten, dass wir uns mit der Gefahr eines weitweiten Niederganges auseinander setzen müssen."
(Seite 640)

Abb. 5: Jared Diamond (*1937), Evolutionsbiologe
Er untersucht Aufstieg und Niedergang von Kulturen und findet Ähnlichkeiten zur heutigen Situation

Der US-amerikanische Evolutionsbiologe Jared Diamond (*1937) befasst sich in seinem Buch „Kollaps" ebenfalls mit Überleben und Untergang von Gesellschaften. Er analysiert den Untergang früherer Kulturen und findet

---

[6]   Spengler, Oswald: Der Untergang des Abendlandes, 47. Auflage, 1922

viele Parallelen mit der heutigen Situation. Seine Prognosen sehen ebenfalls nicht sehr rosig aus. Dass Migration, also Einwanderung zu einer Gefahr werden kann, findet Diamond bei der Betrachtung von Gadar, einer Siedlung in Grönland im 15. Jahrhundert. Dort wurde die einheimische Bevölkerung von einströmenden hungernden Menschen nach und nach verdrängt.

Diamond zieht daraus den Schluss: *„Ein ähnliches Phänomen beobachten wir heute zunehmend im globalen Maßstab: Einwanderer aus armen Ländern strömen in die Rettungsbote, zu denen die reichen Staaten geworden sind, und unsere Grenzpolizei* [er meint damit die USA] *ist kaum besser in der Lage, den Zustrom aufzuhalten, als die Häuptlinge von Gardar ...“*[7] Diamond erwähnt auch, dass sehr oft eine übermäßige Ausbeutung der Ressourcen einer Gesellschaft der Anfang vom unbemerkten Niedergang war. Und er führt aus, dass früher Häuptlinge, Könige, Adlige mehr an kurzfristigen Lösungen interessiert waren, nicht selten nur zum eigenen Nutzen und dauerhaften Nachteil für die Bevölkerung. Politiker heute würden sich nicht viel anders verhalten.

3.1.2 Wie sieht Sarrazin historische Zusammenhänge?

Warum dieser Ausflug in die Kulturgeschichte? Auch Sarrazin stellt seine Ausführungen in einen größeren historischen Zusammenhang. Menschliches Verhalten

---

[7] Diemond, Jared (2006): Kollaps, Fischer Taschenbuch, Frankfurt, 1. Aufl. S. 341

wird erklärt als Ergebnis der genetischen und kulturellen Evolution. Die genetische Ausstattung der Menschen ist sehr ähnlich. Daher dominiert heute der kulturelle Anteil. Doch die Wirkungen von Tradition, Religion, Kultur sind kaum steuerbar. Aber eine Gesellschaft kann Rahmenbedingungen schaffen, um die Erfolgschancen für eine positive Entwicklung zu verbessern. Und Erfolgskriterien einer Gesellschaft sind nach Sarrazin: Fleiß, Bildung und Unternehmertum. Doch wie Spengler und Diamond sieht er am Horizont Gefahren. Er schreibt: *„Zahlreiche Indikatoren lassen aber vermuten, dass es nach unten geht. Ob das so ist, wie sich das äußert, ob und wie man gegensteuern kann und soll, davon handelt dieses Buch."*[8]

Damit hat Sarrazin seine Absichten kurz und prägnant beschrieben. Es geht ihm also nicht um die Diskriminierung, Abqualifizierung oder gar Beleidigung von Teilen der Bevölkerung, ob dies nun Politiker, Manager, Migranten, Harz IV Empfänger oder Anhänger von Religionen sind. Sein Problem ist, soweit man das so sehen will, dass er sich nicht in kantenlosen weichgespülten Formulierungen ergeht, Formulierungen, die von niemandem beanstandet werden können. Er bringt die Themen meist auf den Punkt – wenn auch manchmal überspitzt. Wenden wir uns also drei weiteren Themenbereichen zu, die wir näher betrachten wollen: Jugend und Demographie, Islam und Integration sowie Genetik und Intelligenz.

---

[8] Sarrazin, Thilo (2010): Deutschland schafft sich ab, 8. Auflage, S. 34

3.2   Jugend und Demographie

3.2.1   Bevölkerung weltweit und in Deutschland

Ist Geburtenrückgang so schlimm? Der Buchtitel „Deutschland schafft sich ab" deutet auch an, dass die aktuelle deutschstämmige Bevölkerung nach und nach abnehmen wird. Das erfüllt manche mit großem Unbehagen. Man kann sich nicht vorstellen, dass es in ein paar Generationen nur noch eine Minderheit sein wird, die man im ursprünglichen Sinne als Deutsche bezeichnen kann. Aber wäre das wirklich eine Katastrophe?

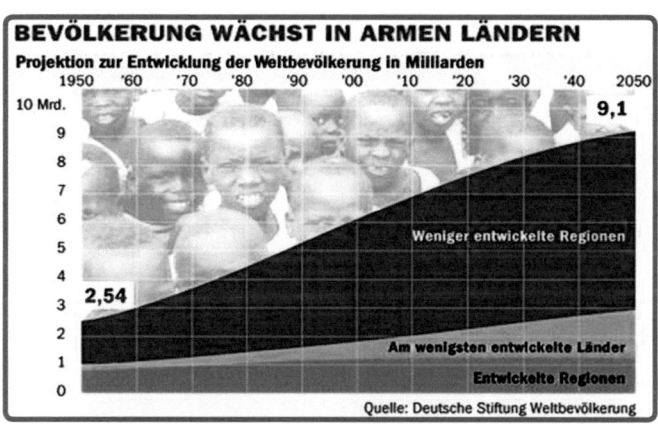

Abb. 6: Bevölkerungszahl gefährdet das Ökosytem
Prognose lautet auf 9 Milliarden Menschen im Jahr 2050

Mit einem Blick auf die Entwicklung der Gesamtbevölkerung würde vielleicht ein Soziobiologe sagen, dass ein Rückgang der Bevölkerung wünschenswert wäre. Immerhin werden – nach aktuellen Prognosen – bis im Jahr

2050 rund 9 Milliarden Menschen auf der Erde leben. Und rechnet man diese Zuwachsrate 500 Jahre weiter, dann stünde im Jahr 2500 jedem Erdenbewohner nur noch ein Quadratmeter Landfläche zur Verfügung. Jeder normal denkende Mensch weiß, dass dies nicht so sein wird. Aber niemand hat realistische Vorschläge, wie man das frühzeitig verhindern könnte. Eine Ein-Kind-Politik wie in China ist in Demokratien nicht vermittelbar. Und heimlich Verhütungsmittel in die Lebensmittel geben, würde wahrscheinlich zum Exitus des betroffenen politischen Systems führen.

Es wäre also global betrachtet wünschenswert, wenn die Anzahl der Menschen auf dieser Erde nicht mehr wachsen oder besser noch, abnehmen würde. Aber müssen es unbedingt wir Deutschen sein? Könnte man, so werden manche denken, nicht bei Afrika oder Asien

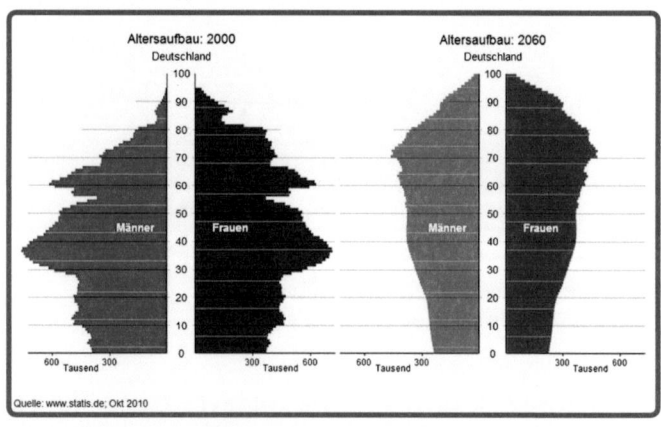

Abb. 7: Bevölkerungspyramide 2000 und 2060
Überalterung und Generationenkonflikte sind vorhersehbar. Realistische
Lösungsvorschläge fehlen.

anfangen? Und was hilft es, wenn zwar die Deutschen nach und nach aussterben, aber andere Völker oder Staaten dies durch eine höhere Geburtenrate überkompensieren und dann in die westeuropäischen Staaten, also auch nach Deutschland einströmen?

3.2.2 Generationenvertrag und Jugend

Wie sieht es mit der Entwicklung der Bevölkerung in Deutschland aus? Der Schlüsselbegriff ist: Fertilitätsrate. Fertilität bedeutet Fruchtbarkeit. Fertilitätsrate meint in der Bevölkerungsstatistik die Anzahl der lebensfähigen Nachkommen pro Frau. Denn die Frau ist für die Produktion von Nachkommen der Engpass, nicht der Mann. Befruchtbare Eier sind rar, mit Spermien geht die Natur großzügig um. Damit die Bevölkerung etwa konstant bleibt, müsste jede Frau in ihrem Leben durchschnittlich zwei Kinder gebären. Wenn man nicht eingreift, gibt es je zur Hälfte weibliche und männliche Kinder. Anstelle von zwei Kindern pro Frau werden in Deutschland aber nur 1,4 geboren. Dies bedeutet für jede nachfolgende Generation rein rechnerisch ein Rückgang um 30 Prozent. Nach nur drei Generationen würden damit nur noch ⅓ der ursprünglichen Bevölkerung vorhanden sein.

Deutschland beherbergt 6,5 % Migranten, also noch 93,5 % Einheimische im engeren Sinne. Sarrazin berechnet aus diesen Daten und einigen weiteren plausiblen Annahmen, dass nach nur vier Generationen – das sind 100 bis 125 Jahre – die Deutschen in der Minderzahl

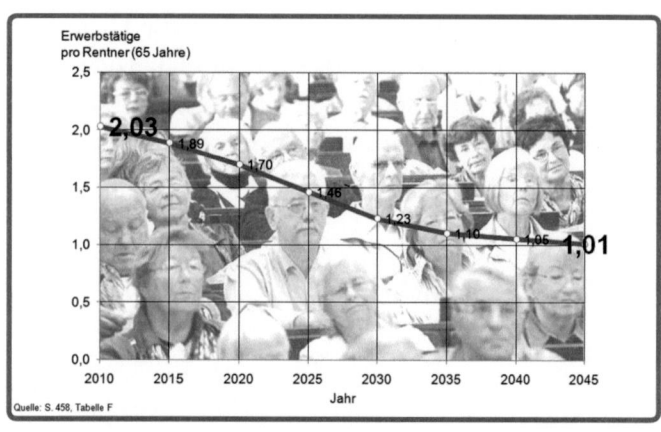

Abb. 8: Alterslast der Erwerbstätigen 2010 bis 2045
2045 muss ein Beschäftigter einen Rentner unterhalten. 2010 war die Last noch
auf zwei Beschäftigte verteilt.

sein werden. Die Fertilitätsrate, also die Anzahl Kinder
pro Frau, liegt bei Frauen aus der Türkei oder den afrikanischen Staaten wesentlich höher, nämlich zwischen
2,8 bis 3,4 oder sogar noch darüber.

Der Rückgang der Bevölkerung hat Auswirkungen
auf unsere Sozialsysteme. Weil die jüngeren Jahrgänge in
absehbarer Zeit fehlen, müssen immer weniger Erwerbstätige für immer mehr pensionierten Personen bezahlen.
Dieser sogenannte Generationenvertrag, nämlich dass
die Erwerbstätigen die nicht mehr Erwerbstätigen zu
finanzieren haben, kommt ins Wanken. Sind es heute
noch zwei Erwerbstätige, die dafür aufkommen, wird es
um das Jahr 2050 noch einer sein. Die Alterslast nimmt
zu. Anderseits wird die Bevölkerung immer älter. Mit
der Zeit werden die Älteren in der Bevölkerung überwie-
gen und durch Wahlen die politische Meinungsbildung

wesentlich beeinflussen. Dass sie dies zu ihrem Nachteil tun, ist nicht anzunehmen. Der Generationenkonflikt ist vorprogrammiert.

Das ZDF sendete am 11. Januar 2011 eine fiktive Dokumentation der Jugend-Situation im Jahre 2030. Es ist ein Zweiklassensystem entstanden: diejenigen, die sich noch Krankenversicherungen leisten können und die, denen das nicht mehr möglich ist. Das Szenario machte deutlich, wohin die Sozialsysteme steuern würden, wenn nichts unternommen wird.

Abb. 9: ZDF Doku-Fiction am 11.1.2011 „2030 Aufstand der Jungen"
Zusammenbruch der Sozialsysteme, Verlust der staatlichen Autorität war das düstere Szenario des Films.

Eine Lösung wäre, dass durch Einwanderung von jungen qualifizierten Personen aus anderen Ländern und Kulturkreisen die Jugendlücke geschlossen wird. Wenn diese Personen einen positiven Beitrag zum Volkseinkommen leisteten, könnten die Alterslasten finanziert werden.

Blick man auf den Jugendanteil pro Bevölkerungsgruppe in Deutschland kommt Hoffnung auf. Während bei der einheimischen Bevölkerung Jugendliche unter 15 Jahren nur 12 % ausmachen, sind es bei Einwanderern aus Afrika, der Türkei und dem Nahen und Fernen Osten rund 30 %. Leider, so Sarrazin, wandern nach Deutschland nicht unbedingt die qualifiziertesten zu. Es sind viele Personen darunter, die aus den sogenannten bildungsfernen Schichten kommen. Und es ist nachgewiesen, dass dieser Personenkreis überproportional häufig Sozialleistungen beansprucht, also einen negativen Beitrag zur Wirtschaftsleistung erbringt.

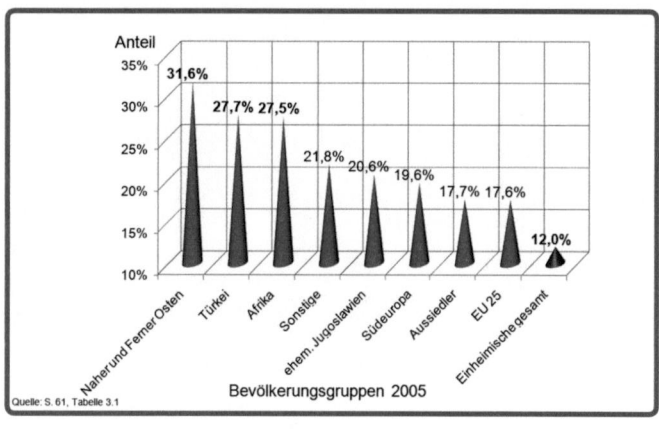

Abb. 10: Jugendliche nach Bevölkerungssschichten
Größter Jugendanteil bei Jugendlichen mit muslimischen Hintergrund
27 - 32 %, Einheimische 12 %

Weil allein durch die sogenannten Transferleistungen diese Migranten ihren Lebensunterhalt bestreiten können, besteht wenig Anreiz a) die Sprache zu lernen, b) sich in

Deutschland zu integrieren und c) eine Arbeit zu suchen und aufzunehmen. Sarrazin wird hier sehr deutlich: *„Als sie zu uns kamen* [gemeint sind muslimische Migranten] *waren sie großenteils ungebildet und unwissend, aber möglicherweise leistungsbereit. Indem der deutsche Sozialstaat ihnen mehr Unterstützung zukommen lässt, als sie durch Arbeit jemals verdienen könnten, werden sie systematisch, wenn auch ohne Absicht korrumpiert.“*[9] Und weiter schreibt er: *„Das System ist pervers. Keine der Araberfamilien … bekäme in den USA auch nur einen müden Cent. Deshalb sind sie auch nicht dort, sondern in Deutschland.“*[10]

3.2.3 Selektierte Einwanderungen

Wäre Kanada für die Einwanderung ein Modell? Kanada, Australien und USA sind offiziell Einwanderungsländer. Nun sind die sozialen Verhältnisse in den USA nicht gerade vorbildlich. Und Australien ist sehr weit weg und vielen immer noch ein relativ unbekannter Kontinent. Mit Kanada kann man sich eher identifizieren. Kanada hat eine der höchsten Einwanderungsraten der Welt und es beherbergt Menschen aus über 200 Ländern. [11] Das Land wird selten oder gar nicht im Zusammenhang mit Diskriminierung genannt, obwohl es einen strengen Kriterienkatalog für Einwanderer hat. Der wird immer wieder den aktuellen Bedürfnissen angepasst.

---

[9]   Sarrazin, Thilo (2010): Deutschland schafft sich ab, 8. Auflage, S. 324
[10] Sarrazin, Thilo (2010): Deutschland schafft sich ab, 8. Auflage, S. 323
[11] FAZ 3.11.2010, S. 13: Brüderle will rasche Entscheidung über Fachkräfte-Zuwanderung

Rund 60 Prozent der Zuwanderer werden nach ökonomischen Kriterien ausgesucht. Niemand regt sich darüber auf. Die kanadische Regierung nimmt sich das Recht heraus, nur diejenigen in das Land zu lassen, die man haben will. Denn wohl jeder würde es im privaten Bereich als ungeheuerliche Zumutung empfinden, wenn fremde Personen ungebeten die Wohnung betreten und auf Kosten des Wohnungsinhabers da bleiben wollten. Daher gilt, wie Sarrazin es formuliert: *„Jeder Staat hat das Recht, darüber zu entscheiden, wer in das Staatsgebiet zuziehen darf und wer nicht.“*[12]

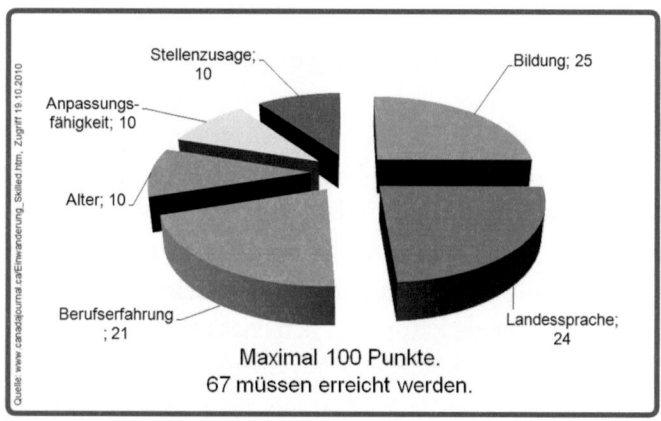

Abb. 11: Punktesystem für Einwanderer in Kanada
Das Bewertungssystem ist im Internet für Jedermann zugänglich. Einwanderer kennen die Kriterien und können sich darauf einrichten.

Kanada informiert eindeutig und unmissverständlich, welche Voraussetzungen für eine Einwanderung erwartet

---

[12] Sarrazin, Thilo (2010): Deutschland schafft sich ab, 8. Auflage, S. 391

werden. *„Seit Jahrzehnten gibt es ein Punktesystem, nach dem die Bewerber klassifiziert werden. Zu den Auswahlkriterien gehören Alter, Beherrschung der Landessprache (Englisch oder Französisch), Ausbildung, Berufserfahrung, vorhandener Arbeitsplatz und die Anpassungsfähigkeit der Bewerber, wozu auch der Bildungsstand der Lebenspartner zählt."*[13] Ein Bewerber muss mindestens 67 der maximal 100 möglichen Punkte erreichen. Reibungslos verläuft die soziale Integration allerdings auch in Kanada nicht. Viele Zuwanderer müssen in den ersten Jahren eine Tätigkeit annehmen, die unter ihrer Qualifikation liegt. Doch sie verdienen selbst ihr Geld. Wer nach dem Punktesystem bewertet worden ist, hat aber die geringsten Integrationsprobleme.

Finanzielle Hilfe vom kanadischen Staat gibt es für Einwanderer nicht. Im Gegenteil: Sie müssen Barvermögen nachweisen. Ein Darlehen zählt nicht dazu. Abhängig von der Anzahl Familienmitglieder liegen die Mindestbeträge zwischen 7.000 und 19.000 € (1 € = 1,4 CDN $). Damit wird vermieden, dass Migranten dem Staat auf der Tasche liegen. Wer kommt oder kommen will, weiß das und kann sich darauf einstellen.

In Deutschland ist dies nicht der Fall. Daher formuliert Sarrazin auch recht deutlich: *„In der Türkei gibt es keine Grundsicherung oder Sozialhilfe wie in Deutschland, in anderen muslimischen Ländern auch nicht. Wer es irgendwie nach Deutschland ... schafft und dort einen legalen Status erreicht hat, der sichert sich allein durch die Sozialtransfers ohne Arbeit ein Einkommen, das weit über*

---

[13] FAZ 3.11.2010, S. 13: Brüderle will rasche Entscheidung über Fachkräfte-Zuwanderung

dem liegt, was er im Herkunftsland mit Arbeit erwerben könnte. Das gilt noch mehr, wenn man Familie hat."[14]

Qualifizierte Fachkräfte anzuwerben ist schwer. Warum sollten die, welche ihren Lebensunterhalt auch anderswo verdienen könnten, nach Deutschland kommen? Australien, USA, Kanada, England sind attraktiver. Man spricht dort Englisch und muss nicht noch zusätzlich Deutsch lernen, eine Sprache, die international immer mehr an Bedeutung verliert. Dass Deutschland ein Volk der Dichter und Denker war, ist zwar ruhmreich aber Vergangenheit. Die internationale Sprache der Wissenschaft und Technik ist nun einmal Englisch und nicht Deutsch.

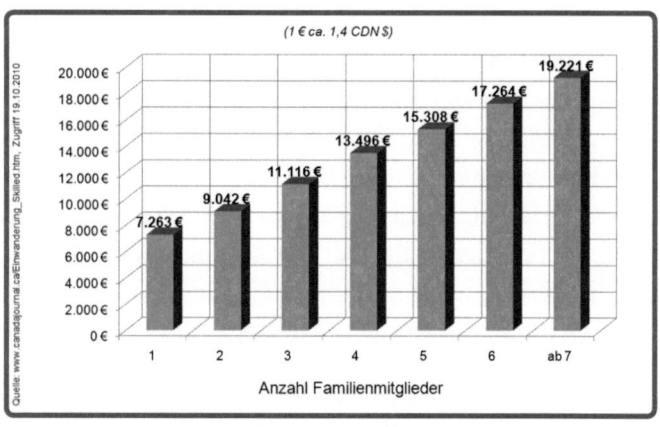

Abb. 12: Kanada fordert einen Vermögensnachweis
Abhängig von der Anzahl Familienangehöriger wird der Nachweis von Barvermögen verlangt. Direkte finanzielle Zuwendungen vom Staat gibt es nicht.

---

[14] Sarrazin, Thilo (2010): Deutschland schafft sich ab, 8. Auflage, S. 320

3.3 Islam und Integration

3.3.1 Religion zur Abgrenzung

Gruppen, Gesellschaften, Staaten grenzen sich voneinander ab. Nur durch diese Abgrenzung ist es möglich, eine eigene Identität zu entwickeln und zu erhalten. Dies ist grundsätzlich nichts Verwerfliches. Kritisch wird es nur dann, wenn die Abgrenzung zu tödlicher Feindschaft gegen die Anderen, den Außenstehenden führt. Abgrenzungen können aufgrund körperlicher Merkmale (Hautfarbe, Haarfarbe, Körpergröße, Geschlecht) erfolgen. Aber auch kulturelle oder ideelle Merkmale (Überzeugungen, Religion, Sprache, Weltanschauungen) können wirksame Abgrenzungskriterien sein. Körperliche Merkmale sind genetisch bedingt, werden vererbt. Kulturelle Merkmale werden tradiert, das heißt durch Nachahmung erworben und weitergegeben.

Die Zugehörigkeit zu einer Religion ist ein Abgrenzungskriterium, das nicht vererbbar ist, obwohl der Molekularbiologe Dean Hammer[15] ein sogenanntes „Gottes-Gen" entdeckt haben will. Religionszugehörigkeit wird überwiegend von den Eltern übernommen und dann auch lebenslang beibehalten. In Deutschland sind die Christen in der Überzahl. Über 60 Prozent der Bevölkerung gehören dazu. Aber es gibt auch eine große Zahl nichtreligiöser Menschen, mit steigender Tendenz. Wobei die heimlichen Agnostiker oder Atheisten unter den Christen noch

---

[15] Hammer, Dean: Das Gottes-Gen. Warum uns der Glaube im Blut liegt

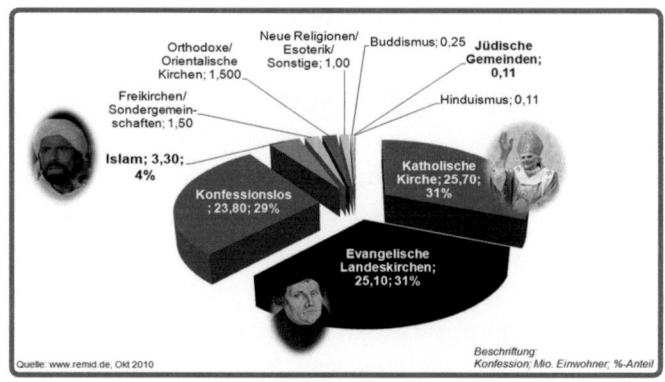

Abb. 13: Glaubensgemeinschaften in Deutschland
Die Mehrheit gehört zu den christlichen Religionsgemeinschaften. Minderheiten (Muslime, Juden) dominieren dennoch meist die öffentliche Diskussion.

nicht enthalten sind. Bestimmt wird aber immer wieder die Diskussion von einer Minderheit: Juden (Anteil: 0,1 Prozent) und Moslems (Anteil: 4 Prozent).

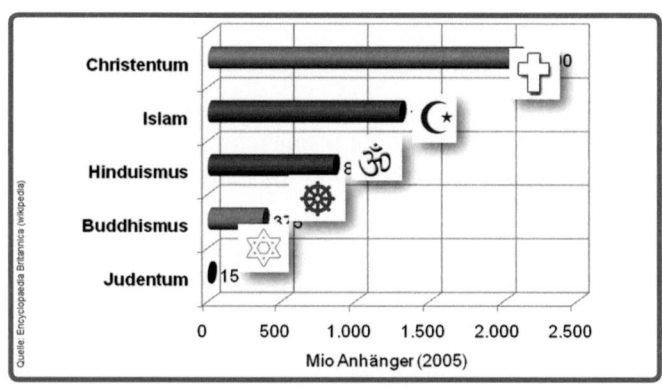

Abb. 14: Angehörige der Weltreligionen weltweit
Christentum (2,1 Milliarden) und Islam (1,3 Milliarden) haben die meisten Anhänger.

Weltweit dominiert wird die Religiosität von zwei Glaubensrichtungen: Christentum und Islam. Man zählt etwa 2,1 Milliarden Christen und 1,3 Milliarden Muslime[16]. Das Judentum ist zahlenmäßig von untergeordneter Bedeutung. Es werden lediglich 15 Millionen Juden genannt.

3.3.2 Gemeinsamkeit und Unterschied

Diese drei Religionen sind monotheistische Religionen. Die Anhänger glauben an einen einzigen Gott, der die Welt erschaffen hat und vor dem man sich nach dem Ende des individuellen Lebens für die eigenen Taten und Gedanken verantworten muss. Alle drei sind sogenannte Offenbarungs- und Erlösungsreligionen. Sie gründen auf einer für sie Heiligen Schrift, in der Wort und Wille ihres Gottes niedergeschrieben ist: Tora bei den Juden, Bibel mit Altem und Neuem Testament bei den Christen und Koran bei den Muslimen. Tora, Altes Testament und Koran haben einen gemeinsamen literarischen Stamm. Personen wie Adam, Noah, Abraham, Mose, Hiob, David, Jona, Jesus kommen in allen drei Schriften vor. Dies verführt dazu, alle drei als lediglich verschiedene Ausprägungen des prinzipiell gleichen Glaubens zu betrachten. Die Unterschiede sind aber beachtlich. Juden und Muslime sehen Jesus als einen von vielen Propheten, während Christen ihn als den Erlöser, Gottes Sohn und mit dem Heiligen Geist als dreieinigen Gott verehren.

---

[16] Encyclopaedia Britannica (2005)

Neben verschiedenen Riten und Glaubenssätzen gibt es einen bedeutsame Unterschied zwischen Christen und Muslime: Die Bibel wird als Offenbarung des Wortes Gottes angesehen, die durch die verschiedenen Propheten verkündet worden sind. Man versucht heute, diese Texte auf dem historischpolitischen Hintergrund der damaligen Zeit zu deuten und zu interpretieren. Martin Urban, schreibt in seiner Buch „Die Bibel – Geschichte eines Buches" dazu: *„Die Bücher der Bibel wurden schon von ihren Verfassern mit jeweils unterschiedlicher, aber bestimmter Zielsetzung geschrieben. Und das Ziel war nicht, die Geschichte möglichst faktengenau zu dokumentieren, sondern sie – oft ohne Rücksicht auf die Fakten – zu deuten. Es hat lange gedauert, bis die Theologen das verstanden haben. Die Fundamentalisten unter ihnen begreifen es bis heute nicht."[17]*

Abb. 15: „Mein Reich ist nicht von dieser Welt"
Christentum hat die Trennung von Kirche und Staat akzeptiert. Für den Islam gilt dies (noch) nicht.

---

[17] Urban, Martin (2010): Die Bibel – Geschichte eines Buches, S. 16

Der Koran dagegen wird auch heute noch von islamischen Gelehrten als direkte Vermittlung von Gottes Wort durch Mohammed angesehen. Abweichungen und Interpretationen werden nicht gestattet. Der Islam strebt zudem zumindest in der Theorie eine Identität zwischen religiöser und weltlicher Macht an, ein untrennbares Amalgam von Religion und Staat. Das Christentum hat zumindest geistig diese Trennung vor 2000 Jahren vollzogen durch die angebliche Aussage Jesus in Johannes 18, Vers 36: *„Mein Reich ist nicht von dieser Welt."*

Die Frage bleibt, weshalb Religionen sich bis heute halten konnten und immer noch einen starken Einfluss auf das Verhalten vieler Menschen ausüben. Im wissenschaftlichen Sinne sind sie irrational: Es gibt keinen Gottesbeweis, der einer objektiven Prüfung standhält und es ist auch kein Kriterienkatalog vorhanden, mit dem Glaubenswillige entscheiden könnten, welche Religion die richtige wäre. Außerdem wird den Gläubigen einiges zugemutet, was der Logik und wissenschaftlichen Erkenntnis widerspricht.

Religionssoziologen und Evolutionsbiologen erklären die Entstehung der Religionen emotionslos. Sie kommen ohne Gott als allwissenden und allmächtigen Schöpfer aus. Die Soziologen führen beispielsweise an: a) Religion gibt Erklärungen für den Sinn der menschlichen Existenz, die sonst nicht zu finden sind und b) Religion stabilisiert eine Gesellschaft nach innen und festigt sie nach außen durch Moralregeln, die von einer transzendenten Macht überprüft werden. Evolutionsbiologen und Genetiker sehen das noch pragmatischer: Religion nützt dem Überleben und hat damit einen biologischen

Selektionsvorteil. Statistisch erwiesen ist: Religiöse Menschen haben durchschnittlich mehr Kinder, sind gesünder, leben länger, sind weniger anfällig für Drogen und allgemein zufriedener mit ihrem Leben.

3.3.3 Aufklärung und Integration

Strenggläubige Angehörige des Islam haben Probleme mit westlichen Demokratien. Das demokratisch liberale Gesellschaftssystem Deutschlands ist nach Ansicht von westlichen Islam-Kennern prinzipiell nicht mit dem Islam verträglich,

- weil die Korantexte als unumstößliche nicht änderbare Wahrheit gelten,
- weil den Gläubigen starre Verhaltensregeln vorgeschrieben werden,
- weil der Abfall vom Islam als schwerste Todsünde angesehen wird, die mit dem Tod bestraft werden sollte und
- weil Frauen im Islam nicht gleichberechtigt neben Männern stehen, sondern aktiv diskriminiert werden.

Necla Kelek, Soziologin und promovierte Muslima, schreibt in einem Artikel in der Frankfurter Allgemeinen Zeitung unter dem Titel „Ein Befreiungsschlag" über den Islam: *„Ich definiere den Islam nicht nur als Glauben, sondern als eine politische Ideologie und gesellschaftliches System. Ein System, das die Trennung von Religion und Staat, also die Säkularität und die Aufklärung verleugnet,*

Islam als
...itische Ideologie und
...ellschaftliches System

Quelle: FAZ, 30.8.2010, S. 23

Abb. 16: Necla Kelek, Soziologin und promovierte Muslimin
Trägerin des Friedenspreises 2010 der Friedrich-Naumann-Stiftung. Sie setzt
sich sehr kritisch mit dem Islam auseinander.

*das die vertikale Trennung von Männern und Frauen prak-
tiziert, das heißt Frauen diskriminiert."* [18]

Dem Islam fehlen einige Jahrhunderte Aufklärung, die über die christlichen Religionen seit Mitte
des 18. Jahrhunderts hinweggegangen ist. Voltaire
(1694 - 1778), Denis Diderot (1713 - 1784), Jean-Jacques
Roussou (1712 - 1778) und nicht zuletzt Immanuel Kant
(1724 - 1804) haben dazu beigetragen, dass der Absolutheitsanspruch der Kirche gebrochen wurde. Dafür steht
als Programm das Zitat von Immanuel Kant: *„Habe den
Mut, dich deines eigenen Verstandes zu bedienen."* Sarrazin meint dazu: *„Bei den christlichen Kirchen dauerte
dieser Prozess* [gemeint ist der Prozess der Aufklärung
und Säkularisierung] *viele hundert Jahre und es flossen*

---

[18]   Kelek, Nekla: Ein Befreiungsschlag, Artikel FAZ, 30.8.2010, S. 23

Ströme von Blut. Am Ende setzte die säkulare Staatsmacht
überall die Säkularisierung gegen die Kirchen durch, nicht
im Dialog mit den Kirchen …"[19]

Der Glaube an Allah wäre aber kein Hindernis für muslimische Migranten, sich in die deutsche Gesellschaft zu integrieren. Doch es gibt Grenzen, die der Staat setzen kann und sollte. Sarrazin schreibt: *„Niemand im säkularen Staat verlangt von einer Religion, den Glauben an die überzeitliche Geltung offenbarter religiöser Grundwahrheiten aufzugeben, nur dürfen diese nicht das staatliche Recht und die Regeln des zivilen Lebens bestimmen. Hier nachzugeben, wäre ein schwerwiegender Einbruch in den säkularen Rechtsstaat."[20]* Und weiter: *„Es reicht, wenn Muslime unsere Gesetze beachten, ihre Frauen nicht unterdrücken, Zwangsheiraten abschaffen, ihre Jugendlichen an Gewalttätigkeiten hindern und für ihren Lebensunterhalt aufkommen. Darum geht es. Wer diese Forderungen als Zwang zur Assimilation kritisiert, hat in der Tat ein Integrationsproblem."[21]* Kritisch fügt Sarrazin aber noch an: *„Bei uns* [gemeint ist Deutschland] *muss sich niemand integrieren. Es reicht, wenn er jemanden findet, der ihm den Antrag auf Grundsicherung ausfüllt und bei der Wohnungssuche behilflich ist."[22]* Und weiter schreibt er:*"Mit der Attitüde, die muslimische Migranten im deutschen Sozialstaat sanktionslos entwickeln können, würden sie in ihren Heimatländern untergehen."[23]*

---

[19] Sarrazin, Thilo (2010): Deutschland schafft sich ab, 8. Auflage, S. 273
[20] Sarrazin, Thilo (2010): Deutschland schafft sich ab, 8. Auflage, S. 275
[21] Sarrazin, Thilo (2010): Deutschland schafft sich ab, 8. Auflage, S. 291
[22] Sarrazin, Thilo (2010): Deutschland schafft sich ab, 8. Auflage, S. 327
[23] Sarrazin, Thilo (2010): Deutschland schafft sich ab, 8. Auflage, S. 324

3.3.4 **Gewaltpotential der Religionen**

Ist das Christentum nun „besser" als der Islam? Zur Überheblichkeit von Christen gegenüber Muslimen besteht kein Anlass. Die christliche Vergangenheit ist nicht frei von Intoleranz, Gewalt und Unterdrückung. Schon das Alte Testament beginnt mit dem Brudermord von Kain an Abel. Und Moses ließ durch seine Leviten 3.000 Stammesangehörige niedermetzeln, weil sie sich ein goldenes Kalb als Götzen gegossen hatten, das sie anbeteten.

Aus dem Glauben einer verfolgten christlichen Minderheit wurde schließlich am 24. Februar 391 durch Teodosius dem Großen eine immer mächtiger werdende Staatskirche des Römischen Reiches, die sich keineswegs ausschließlich an das Gebot der Nächstenliebe und Armut gehalten hat und hält. Und die Päpste des Mittelalters waren keine Chorknaben, sondern oft machthungrige und moralisch zweifelhafte Vertreter ihrer Gattung. Nicht zu vergessen die Kreuzzüge, die Inquisition und die Ketzerverbrennungen. Ausbeutung anderer Völker unter dem Deckmantel der christlichen Religionen sind ebenfalls dunkle Kapitel von falsch verstandenem oder missbrauchtem religiösem Eifer.

Ebenso wie es bei den Christen war, gibt es heute im Islam radikale Gruppen, die mit Gewalt und Terror ihre Vorstellungen durchsetzen wollen. Und islamistische Terroristen kommen teilweise aus der Bildungsschicht, nicht allein von unten, von denen, die angeblich nichts zu verlieren haben, wie man gerne hören möchte.

„So spricht der Herr, der Gott Israels: Es gürte jeder sein Schwert um die Hüfte. ... Es töte jeder selbst den Bruder, Freund und Nächsten!" Die Leviten handelten nach Moses Befehl. So fielen an jenem Tag vom Volk dreitausend Mann.
(2. Moses 32, 27-28)

Abb. 17: Gewaltexzesse sind dem Christentum nicht fremd
Religionen wurden und werden von weltlichen und geistlichen Führen immer wieder missbraucht. Glaube war immer auch ein Disziplinierungsinstrument.

Moralische Überheblichkeit gegen den Islam ist daher fehl am Platz. Wenn Politiker sich jetzt auf die jüdisch-christliche Tradition beziehen, dann sind dies lediglich Phrasen. Unsere kulturellen Wurzeln sind vielfältiger und reichen bis in den arabischen Bereich.

Aber Toleranz hört dort auf, wo sie durch Intoleranz zerstört werden könnte. Für Absolutheitsansprüche, gleichgültig aus welcher Richtung, ist kein Platz. Manche Atheisten meinen, es wäre am besten, die Religionen ganz abzuschaffen. Aber das wird sich wohl kaum erfüllen.

3.4 Genetik und Intelligenz

3.4.1 Intelligenz erblich oder nicht

Ist Intelligenz vererbbar? Die Antworten auf diese Frage sind sehr heikel. Antwortet man darauf mit JA, dann steht man sofort als Rassist in der rechten Ecke. Antwortet man mit NEIN, dann wird man als Sozialromantiker abgestempelt, der an die unbegrenzte kulturelle Prägbarkeit des Menschen glaubt.

Sarrazin schreibt dazu: *„Zu den vererblichen Eigenschaften gehören auch die Fähigkeiten des Gehirns. (…) Jeder Hunde- oder Pferdezüchter lebt davon, dass es große Unterschiede im Temperament und im Begabungsprofil der Tiere gibt und dass diese Unterschiede erblich sind.*

Abb. 18: Vererbbare Intelligenz bei Tieren wird akzeptiert
Das Gehirn ist ein Ergebnis der Evolution. Intelligenz ist eine Funktion des Gehirns und damit auch erblich. Über dem Umfang der Erblichkeit gibt es verschiedene Ansichten.

*Dass heißt auch, dass manche Tiere schlichtweg wesentlich
dümmer oder wesentlich intelligenter sind als vergleichbare Tiere ihrer Rasse.*"[24] Und weiter führt er aus: *"Wäre
Intelligenz nicht erblich, hätten die geistigen Fähigkeiten
der Lebewesen nicht durch natürliche Selektion zunehmen
können.*"[25]

In einem Interview[26] spricht er auch davon, dass beispielsweise alle Juden bestimmte Gene gemeinsam
hätten, die sie von anderen Bevölkerungsgruppen unterscheiden würden. Dafür wurde er von einem hoch-
rangigen Mitglieds des Zentralrats der Juden als geistiger Nachfolger von Hitler, Goering und Goebbels heftig
verbal verprügelt. Der EKD-Ratsvorsitzende Nikolaus
Schneider meinte in einem Interview mit der Frankfurter
Allgemeinen Zeitung[27], wer Biologie und Soziales so wie
Sarrazin zusammenbringe, mache sich unmöglich.

Andererseits äußert sich der Londoner Neurowissen-
schaftler Robert Plomin: *"Die Beweise für die Erblichkeit
intellektueller Leistungen sind besser als in jedem anderen
Bereich der Lebenswissenschaften.*"[28] Und die Schweizer
Psychologin und Lernforscherin Elsbeth Stern meint:
*"In allen Studien findet man, dass eineiige Zwillingspaare
eine deutlich höhere Übereinstimmung im IQ zeigen, als
zweieiige Zwillingspaare. ... Dies belegt die Bedeutung der*

---

24 Sarrazin, Thilo (2010): Deutschland schafft sich ab, 8. Auflage, S. 92
25 Sarrazin, Thilo (2010): Deutschland schafft sich ab, 8. Auflage, S. 350
26 Quelle: www.bild.de; 9.10.2009, 14:14 Uhr; „Zentralrat der Juden stellt Sarrazin mit Hitler in eine Reihe"
27 Schneider, Nikolaus: Interview FAZ vom 6.11.2010, S. 2
28 Plomin, Robert: Artikel in FOCUS Nr. 36/2010, S. 89

Gene beim Zustandekommen von Unterschieden."[29] Aber auch Stoffwechselvorgänge spielen mit, ebenso wie der Feinaufbau des Gehirns. Daher weist der US-Psychologe Eric Turkheimer auf folgendes hin: *„In einer Umgebung, in der in jeder Hinsicht Mangel herrscht, sinkt der IQ der Kinder."* Mangel bedeutet hier nicht nur Mangel an ausgeglichener Ernährung und Bewegung sondern auch Mangel an geistigen Anregungen.

3.4.2 Intelligenzbegriff und IQ

Bevor wir uns weiter über Intelligenz auslassen, müssen wir einen kleinen Ausflug machen. Was ist denn eigentlich mit der Intelligenz und dem IQ, dem Intelligenzquotienten gemeint? Ist ein Bauer auf der tibetanischen Hochebene weniger intelligent als ein Ingenieur bei Daimler? Wie kann man den überhaupt Intelligenz messen? Gibt es unter den Wissenschaftlern eine einheitliche Definition? Die Verwirrung beginnt schon damit, dass die verschiedensten Intelligenz-Begriffe durch die Publikationen geistern. Da ist die Rede beispielsweise von verbaler Intelligenz, mathematischer Intelligenz, sozialer Intelligenz, emotionaler Intelligenz, praktischer Intelligenz, fluider und kristalliner Intelligenz.

Nehmen wir eine aktuelle Definition aus dem Internet-Lexikon wikipedia. Dort steht: *„Intelligenz ist in der Psychologie ein Sammelbegriff für die kognitive*

---

[29] Stern, Elsbeth: Jeder kann das große Los ziehen, Artikel FAZ 2.9.2010

Leistungsfähigkeit des Menschen." Kognitiv meint hier alle Denkleistungen wie beispielsweise Erkennen, Verarbeiten, Bewerten, Erinnern. Etwas umfassender ist eine Definition aus dem Jahre 1911 von dem Psychologen William Stern. Er schreibt: *„Intelligenz ist die Fähigkeit zur Anpassung an neuartige Bedingungen und die Fähigkeit zur Lösung neuartiger Probleme."* Aber da man über Intelligenz nicht reden kann, ohne sie auch zu quantifizieren, zu messen, könnte man auch sagen: Intelligenz ist das, was man mit Intelligenztest messen kann.

Die Intelligenzmessung begann mit Schulkindern im Jahre 1905 durch den französischen Psychologen Alfred Binet (1857 - 1911). Er wollte feststellen, ob Schüler dem Leistungsdurchschnitt ihrer Klasse entsprechen. Der Begriff IQ, Intelligenzquotient wurde von dem schon erwähnten William Stern eingeführt. Er dividierte das Testergebnis bei den Kindern, was als Intelligenzalter bezeichnet wurde, durch das Lebensalter. Damit lästige Kommastellen entfallen, multiplizierte er den Wert mit dem Faktor 100. Der Nachteil war, dass sich das Lebensalter schneller erhöhte als das Intelligenzalter. Das Lebensalter steht im Nenner, also unter dem Bruchstrich. Damit würde mit fortschreitendem Alter der IQ immer kleiner. Obwohl diese Methode heute nicht mehr angewendet wird, blieb der Begriff IQ, also Intelligenzquotient erhalten.

Heute benutzt man statistische Methoden. Man ermittelt für eine Bevölkerungsgruppe, welche Aufgaben sie durchschnittlich lösen kann und setzt diesen Wert gleich 100. Als „normal" ist per Festlegung ein IQ zwischen 85 und 115. Wer darunter liegt, ist minderbegabt.

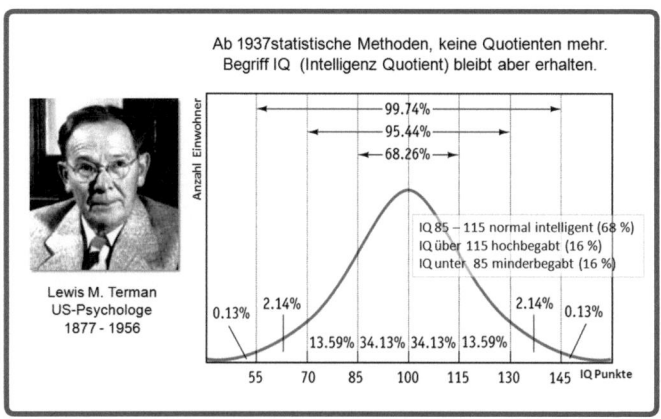

Abb. 19: Intelligenz wird als statischer Wert ausgedrückt
Sie ist nach der Glockenkurve verteilt. Per Definition ist ein IQ von 100 der
Mittelwert einer Bevölkerung. Der Normalbereich liegt zwischen 85 und 115.

Darüber liegen die Hochbegabten. Rund ²/₃ der Menschen oder 68 % liegen im Normalbereich. Die Verteilung der Intelligenz folgt einer sogenannten Glockenkurve, wie man sie aus der Statistik kennt. Eingeführt wurde diese Methode von US-Psychologen Lewis Terman im Jahr 1937.

3.4.3 Intelligenz der Jungen und der Alten

Sind junge Menschen intelligenter als ältere? Sarrazin nennt in diesem Zusammenhang zwei Intelligenzbegriffe: fluide und kristalline Intelligenz. Vereinfacht gesprochen versteht man unter fluider Intelligenz die grundlegende biologische Kapazität des Denkens. Sie ist der angeborene Teil der Intelligenz. Dazu gehört die

Fähigkeit, sich an neue Situationen anzupassen ohne dass man auf Vorerfahrungen zurückgreifen kann. Sie, die fluide Intelligenz, ist genetisch bestimmt. Während kristalline Intelligenz all jene Fähigkeiten umfassen, die im Laufe der Zeit durch Lernen und Üben sich bei einer Person herausgebildet haben. Sie, die kristalline Intelligenz, wird also durch Umwelt, Gesellschaft, Kultur bestimmt.

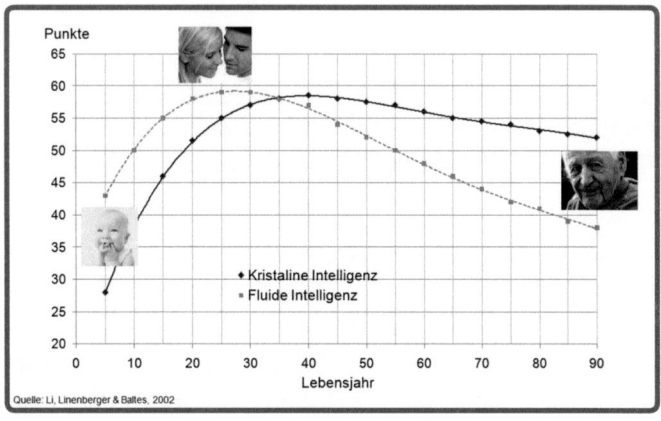

Abb. 20: Verlauf der fluiden und kristallinen Intelligenz
Beide steigen bis zum Alter von 30 bis 40 Lebensjahren an. Fluide Intelligenz nimmt dann ab, kristalline bleibt weitgehend erhalten. Innovationen und Fortschritt kommen hauptsächlich aus der fluiden Intelligenz.

Untersuchungen zeigen, dass die fluide Intelligenz sich bis etwa zum 25. Lebensjahr stetig steigert und dann abnimmt, während die kristalline Intelligenz ihren Höhepunkt um das 40. Lebensjahr hat und dann weitgehend erhalten bleibt. Innovationen, Fortschritt, neue Ideen kommen von der fluiden Intelligenz, also von der

Jugend. Und wenn die Jugend fehlt, so die berechtigten Bedenken Sarrazins, dann sinkt die Innovationsrate, die Fähigkeit zur Erneuerung und dadurch mit der Zeit der Wohlstand einer Gesellschaft.

Sarrazin meint, dass Intelligenz zum großen Teil genetisch bestimmt sei. Er schreibt dazu: *„Der aktuelle Forschungsstand ist also der, das jene, die Erblichkeit von Intelligenz besonders betonen, deren Anteil auf 60 bis 80 Prozent ansetzen, während jene, die besonders auf Umwelteinflüsse abstellen, auf einen Erbanteil von 40 bis 60 Prozent kommen. Seriöse Zweifel an diesem Forschungsstand gibt es nicht."*[30] Für diese Aussage hat Sarrazin verbal ordentlich Prügel bezogen. Besonders Politikern, Religionswissenschaftler und Vertreter von Minderheiten wollen das oft nicht wahrhaben. Doch die Entwicklungspsychologen Reiner Hindermann, von der TU Chemnitz, und Detlef Rost, von der Philipps-Universität Marbach, bestätigen: *„Aus unterschiedlichen Ländern wissen wir, dass sich Intelligenzunterschiede von Menschen zu fünfzig bis achtzig Prozent durch genetische Faktoren aufklären lassen. ... Die von Sarrazin angeführten Zahlen, die sich auf die Bedeutung der Genetik für Intelligenzunterschiede beziehen, sind korrekt."*[31]

---

[30] Sarrazin, Thilo (2010): Deutschland schafft sich ab, 8. Auflage, Endnote Kapitel 3, Nr. 83
[31] Rindermann, Heiner/Rost, Detlef: Was ist dran an Sarrazins Thesen?, Artikel in FAZ 7.9.2010, S. 29 - 30

3.4.4 Einfluss der Kultur

Der einzelne Mensch ist nicht nur das Ergebnis der natürlichen genetischen Evolution. Die Menschen haben sich ein kulturelles Umfeld geschaffen, das sie in vieler Hinsicht von der Natur unabhängiger macht – wenn auch nicht ganz, wie die Naturkatastrophen zeigen.

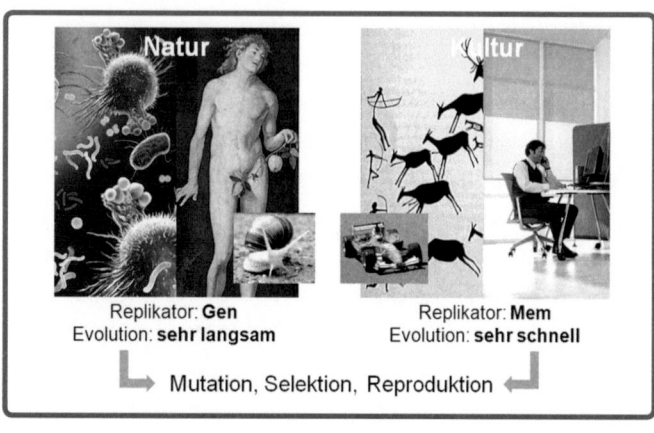

Abb. 21: Evolutionsmechanismen gibt es in Natur und Kultur
Elemente der Evolution sind sich selbst replizierende Einheiten. Bei der biologischen Evolution sind es Gene, bei der kulturellen Meme.

Es ist die kulturelle Evolution, die ebenfalls einen stark prägenden Einfluss auf die Entwicklung eines Menschen ausübt. Dazu gehören Familie, Gebräuche, Sitten, Moralvorstellungen und natürlich auch Religionen. Für Sarrazin folgt daraus: *„Ganz gleich, wie Intelligenz zustande kommt: Bei höherer relativer Fruchtbarkeit der weniger Intelligenten sinkt die durchschnittliche Intelligenz der Grundgesamtheit. Das ist in Deutschland gegenwärtig und*

in den alten Bundesländern schon seit längerem der Fall."[32]
Oder, wenn man es plakativer formulieren würde: Im Schnitt pflanzen sich die Dummen häufiger fort.

Die natürliche Evolution vom Einzeller bis zum Homo sapiens hat hunderte Millionen Jahre gedauert. Die kulturelle und zivilisatorische Evolution von der Höhlenmalerei bis zum Internet dauerte lediglich einige zehntausend Jahre. Der Biologe, Bestsellerautor und Atheist Richard Dawkins hat Bücher geschrieben wie „Das egoistische Gen" (1976) oder „Der Gotteswahn" (2006). Er hat für die kulturelle Evolution einen neuen Begriff eingeführt, das Mem, analog dem Begriff Gen.

Die Psychologin Susan Blackmore[33] hat diesen Begriff aufgenommen und systematisch zu einer Theorie zur Evolution von Kulturen erweitert. Demnach versteht man unter einem Mem Gedanken oder Gedankenkomplexe, die durch Nachahmung von Gehirn zu Gehirn, von Generation zu Generation weiter gegeben werden. Das können Worte, Melodien, Ideen, Riten, Gebräuche oder ganze Gedankensysteme sein. Religionen sind solche Gedankensysteme oder – wie er es auch nennt – Memplexe. Ebenso wie Gene von Generation zu Generation überleben wollen, verfolgen Meme das gleiche Ziel. Und ebenso wie Gene die Körper der Lebewesen dazu benutzen, benutzen Meme die Gehirne von Menschen. Und wenn sich einmal bestimmte Gedankensysteme in den Gehirnen von Menschen festgefressen haben, zum Beispiel als Glaubensinhalte, beeinflussen sie das

---

[32] Sarrazin, Thilo (2010): Deutschland schafft sich ab, 8. Auflage, S. 98
[33] Blackmore, Susan (2000): Die Macht der Meme oder Die Evolution von Kultur und Geist

Verhalten dieser Menschen. Und besonders gefährlich für die Menschheit, hält Dawkins die Religionen, die er als „geistige Vergewaltigung" junger Menschen bezeichnet.

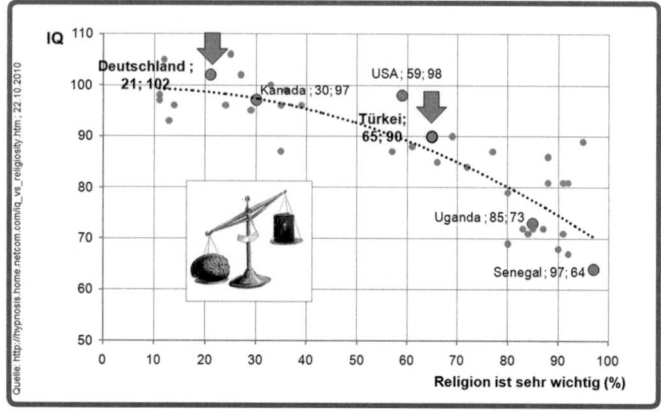

Abb. 22: Zusammenhang IQ und Religiosität
Je religiöser die Bevölkerung, desto geringer der durchschnittliche IQ und umgekehrt. Beispiel: IQ in Deutschland 102 (Religiosität 21 %), IQ Türkei 90 (Religiosität 65 %)

Religionen oder Ideologien mit Absolutheitsanspruch erstellen geistige Barrieren. Dazu gehören auch Denkbarrieren, die Einfluss auf die Intelligenzentwicklung der betreffenden Bevölkerung haben. Und es gibt – ob man das nun akzeptieren will oder nicht – einen negativen Zusammenhang zwischen der Religiosität der Bürger eines Landes und deren durchschnittlichem IQ, Intelligenzquotienten. Je weniger religiös die Menschen sind, desto höher ist der IQ oder umgekehrt, je religiöser Menschen sind, desto niedriger ist er. Dies bedeutet keineswegs, dass alle Gläubigen dümmer sind als Gering- oder Nichtreligiöse. Aber statistisch trifft dieser Unterschied zu. Da aber mit dem IQ auch der Wohlstand eines Landes steigt oder sinkt, ist auch das erarbeitete Pro-Kopf-Einkommen in hoch religiösen Ländern niedriger. Strenggläubige Religiosität kann die Entwicklung der Intelligenz behindern. Damit behindert sie auch den wissenschaftlichen oder technischen Fortschritt.

3.4.5 Dummheit und Intelligenz sind „erblich"

Und damit kommen wir wieder zurück auf die Thesen von Sarrazin. Seine Aussage läuft darauf hinaus, dass durch strenggläubige islamische Migranten das Intelligenzniveau der deutschen Bevölkerung sinkt. Er schreibt: *„Unsere Gesellschaft schrumpft, sie wird älter, heterogener und gemessen an Bildungsindikatoren weniger leistungsfähig. Dass in Deutschland überdurchschnittlich viele Kinder in sogenannten bildungsfernen Schichten mit häufig unterdurchschnittlicher Intelligenz aufwachsen, lässt uns schon aus rein demographischen Gründen dümmer werden. Der Anteil der Menschen, die aufgrund mangelhafter Bildung sowie intellektueller Mängel nur schwer in das moderne Arbeitsleben integriert werden kann, nimmt strukturell zu.*"[34] Wer aber nicht arbeitet und seinen Lebensunterhalt selbst verdienen kann, wird zum Empfänger von Transferzahlungen des Staates. Ein paar Seiten weiter in seinem Buch

---

[34] Sarrazin, Thilo (2010): Deutschland schafft sich ab, 8. Auflage, S. 100

ergänzt er daher: „*Nicht Kinder produzieren Armut, sondern Transferempfänger produzieren Kinder. Die Statistik scheint das zu belegen, denn in Deutschland bekommen diejenigen, die von sozialer Unterstützung leben, deutlich mehr Kinder als der vergleichbare Rest der Bevölkerung. Damit wächst in unserem Bildungssystem der Anteil der Kinder aus bildungsfernen Schichten kontinuierlich.*"[35]

Man könnte den Begriff „Vererbung" weiter, umfassender definieren. Wenn man generell darunter die Weitergabe von genetischen wie kulturellen Eigenschaften versteht, dann würde gelten: Intelligenz und Dummheit werden im weitesten Sinne „vererbt", werden also von einer Generation an die nächste weiter gegeben. Bei vollständiger kulturell-sozialer Chancengleichheit könnten Intelligenzunterschiede nur durch genetische Unterschiede erklärt werden. Wäre vollständige genetische Identität vorhanden, dann würden Intelligenzunterschiede ausschließlich durch Ungleichheit im kulturell-sozialen Bereich erklärt werden können.

Wenn man die vorstehenden Fakten akzeptiert und dieser Argumentation folgt, dann scheint die Abwärtsspirale in niedrigeren Lebensstandard und schleichende Verdummung unabänderlich zu sein – wenn man nicht gegensteuert. Doch Sarrazin belässt es nicht bei seiner deprimierenden Bestandsaufnahme. Er macht Vorschläge, wie dieser Trend gestoppt und die Situation verbessert werden könnte: bei Migranten, die jetzt schon in Deutschland sind und bei denen die Deutschland künftig einlassen sollte.

---

[35] Sarrazin, Thilo (2010): Deutschland schafft sich ab, 8. Auflage, S. 149

4 Traum und Alptraum

4.1 Was man tun kann

Wenn man die Aussagen von Sarrazin in seinem Buch und bei seinen Interviews Revue passieren lässt, dann könnte man ihn zu den Kulturpessimisten zählen. Manche seiner Bemerkungen und Zitate wirken leicht ironisch-zynisch.

„Kalt duschen ist doch eh viel gesünder.
Ein Warmduscher ist noch nie weit gekommen im Leben."
(Sarrazin: Zitat aus www.sueddeutsche.de, 1.3.2010)

Abb. 23: „Kalt duschen ist doch eh viel gesünder"
Manche Zitate Sarrazins provozieren und wirken ironisch bis zynisch.

Hier ein paar Beispiele: *„Nirgendwo schlurfen so viele Menschen in Trainingsanzügen durch die Straßen wie in Berlin."[36]* Oder: *„Kalt duschen ist doch eh viel gesünder. Ein Warmduscher ist noch nie weit gekommen im Leben."[37]*

---

[36] www.welt.de/politik/article472357, 3.10.2009, Zitat März 2002
[37] www.sueddeutsche.de, 1.3.2010

Oder: *„Ehe einer im 20. Stock sitzt und den ganzen Tag nur fernsieht, bin ich schon fast erleichtert, wenn er ein bisschen schwarz arbeitet."*[38] Oder: *„Ich muss niemanden anerkennen, der vom Staat lebt, diesen Staat ablehnt, für die Ausbildung seiner Kinder nicht vernünftig sorgt und ständig neue Kopftuchmädchen produziert."*[39]

Aber Sarrazin lässt es nicht dabei. Er macht konkrete Vorschläge. Die sind zwar nicht neu, haben aber bisher nicht wirklich die Aufmerksamkeit der Öffentlichkeit gefunden. Doch nun springen die Politiker hektisch und teilweise atemlos auf den Zug auf, den Sarrazin mit seinem Buch unerwartet beschleunigt hat. Eine Trendumkehr hält Sarrazin immer noch für möglich. Hier die Kurzfassung einiger seiner Überlegungen:

Vom Paar zur Familie.
Die Scheidungsrate ist hoch. Alleinerziehende in Singelhaushalten nehmen zu. Kinder leiden unter dieser Situation. Nach Sarrazins Meinung leiden aber Kinder durch Trennung mehr als in einer nicht ganz so gut funktionierenden Familie. Nachweislich haben Paare in dauerhafter Bindung mehr Kinder. Sarrazin fordert besonderen Schutz und finanzielle Bevorzugung der klassischen Ehe. Gleichgeschlechtliche Partnerschaften zählt er nicht dazu. Denn, so Sarrazin: *„Wo Kinder nicht gezeugt werden können, ist die Privilegierung von Partnerschaften … generell sinnlos."*[40]

---

[38] www.welt.de/politik/article472357, 3.10.2009, Zitat Februar 2008
[39] Lettre International, Oktoberausgabe 2009
[40] Sarrazin, Thilo (2010): Deutschland schafft sich ab, 8. Auflage, S. 379

Betreuungsangebote und Ganztagsschulen.
Die klassische Rollenverteilung von Mann und Frau
hat sich überlebt. Mehr qualifizierte ganztägliche Betreuungsangebote würden Frauen ermutigen, Kinder zu
bekommen und früher zu bekommen. Frauen würden
dadurch nicht durch lange Auszeiten den beruflichen
Anschluss verlieren. Sowohl frühkindliche Betreuungs-
plätze als auch später Ganztagsschulen wären erforderlich. Denn, so Sarrazin: *„Wenn diese Zeit* [gemeint ist die
Zeit in Kitas und Ganztagsschulen] *für eine vernünftige
Erziehung, Bildungsangebote und konkrete Anforderungen
an die Kinder genutzt wird, ist dies der beste Beitrag zur
Chancengleichheit für die Kinder aus den unteren Schichten."*[41]

Elterngeld, Elternzeit.
Das Mutterschaftsgeld, dann Erziehungsgeld und heute
Elterngeld, also ein gewisser finanzieller Ausgleich für
die vorher erwerbstätige Mutter, konnte die Geburtenrate nicht wirklich erhöhen. Sarrazin meint: *„Gleichwohl
muss man weiterhin versuchen, die Fortpflanzungsbereit-
schaft erwerbstätiger Eltern durch geeignete Kombination
von Freistellung und Lohnersatz anzuregen."*[42]

Anreize in der Rentenversicherung.
Rentenbezüge berücksichtigen heute kaum, ob jemand
Kinder gezeugt und groß gezogen hat. Denn, so Sarrazin:
„Wer Kinder aufzog, hatte … materielle Nachteile durch

---

[41] Sarrazin, Thilo (2010): Deutschland schafft sich ab, 8. Auflage, S. 381
[42] Sarrazin, Thilo (2010): Deutschland schafft sich ab, 8. Auflage, S. 382

die entstandenen Kosten und Mühen und die entgangenen Verdienstmöglichkeiten, er hatte keine Vorteile mehr bei seiner Altersversorgung ..."[43] Das Beitragssystem müsste nach Sarrazin so umgestaltet werden, dass Personen mit Kindern deutlich weniger und Personen ohne Kinder deutlich mehr zu zahlen hätten, als bisher.

Kindergeld, Sozialgeld.

Nach Sarrazin werden hier falsche Anreize gesetzt. Familien, die durch normale Erwerbstätigkeit ihren Unterhalt verdienen, müssen heute ihren Lebensstandard reduzieren, wenn Kinder geboren werden. Für die bildungsfernen Familien in der Unterschicht gilt das nicht. Sarrazin meint: *„Das heißt letztlich, dass der Empfänger von Sozialleistungen seinen Lebensstandard erhöhen kann, indem er Kinder bekommt. Damit ist die natürliche Ordnung der Welt auf den Kopf gestellt."*[44] Dies seien die falschen Anreize, weil man über mehr Kinder dem Arbeitsleben fern bleiben kann. Außerdem würde zusätzliches Kindergeltd häufig nicht den Kindern zugutekommen, sondern dem Konsum der Erwachsenen.

Besteuerung der Familien.

Das deutsche Steuersystem kennt das Ehegattensplitting. Danach werden die Einkommen beider zusammen gezählt und dann für die Einkommensteuer durch zwei geteilt. Damit sinkt die Steuerlast für Ehepaare. Mit Kindern kommen dann noch Kinderfreibeträge, Kindergeld

---

[43] Sarrazin, Thilo (2010): Deutschland schafft sich ab, 8. Auflage, S. 383
[44] Sarrazin, Thilo (2010): Deutschland schafft sich ab, 8. Auflage, S. 385

und Elterngeld dazu. Es sollte ein Familiensplitting geben, in dem die Zahl der Kinder das durchschnittliche zu versteuernde Einkommen pro Person erheblich senkt. Damit würden besser Verdienende, die in der Regel auch die besser Ausgebildeten sind, in den Genuss höherer Vergünstigungen kommen. Man könnte, so Sarrazin, auch Mütter, die vor dem dreißigsten Lebensjahr Kinder bekommen, mit einer Prämie – er nennt einen Betrag von 50.000 Euro – einen Anreiz bieten, früher Kinder in die Welt zu setzen. Nach deutscher Lesart wäre dieses System zwar sozial etwas ungerecht, aber nach Sarrazins Ansicht bevölkerungspolitisch sehr wirksam.

„Wer sich bei der Geburtenrate nichts zutraut, braucht bei der Welttemperatur gar nicht anzutreten."

Quelle: S 346

Abb. 24: Geburtenrate und Welttemperatur
Geburtenrate sei wesentlich leichter zu beeinflussen als die Welttemperatur, meint Sarrazin.

Sarrazin hofft zwar, man könnte noch etwas ändern. Aber viele Politiker kümmern sich lieber um langfristige prestigeträchtige Projekte, deren Erfolg oder Misserfolg man in ihrer Legislaturperiode nicht messen kann. Oder, wie Sarrazin es pointierter ausdrückt: *„Den Politikern kann man sagen, dass die deutsche Geburtenrate allemal leichter zu beeinflussen ist als die durchschnittliche Welttemperatur. Wer sich bei der Geburtenrate nichts zutraut, braucht bei der Welttemperatur gar nicht anzutreten."*[45]

4.2 Sarrazins Traum

Sarrazins Wunschtraum zur künftigen Entwicklung in Deutschland würde wie folgt aussehen[46]:

- Die illegale unkontrollierte Zuwanderung wird gestoppt. Es kommen nur noch diejenigen Migranten nach Deutschland, die für Deutschland vorteilhaft sind.
- Durch die verschiedenen Maßnahmen werden Frauen motiviert, wieder mehr Kinder zu bekommen. Mit 2,1 Kindern pro Frau bleibt die deutsche Bevölkerung erhalten, sie nimmt nicht dramatisch ab.
- Die Kinder von Migranten, die schon in Deutschland sind oder gewollt zuwandern, werden in Ganztagsschulen unterrichtet. Deren Bildungsdefizite nehmen ab und sie kommen auf das gleiche Niveau wie einheimische Kinder.

---

[45] Sarrazin, Thilo (2010): Deutschland schafft sich ab, 8. Auflage, S. 346
[46] Sarrazin, Thilo (2010): Deutschland schafft sich ab, 8. Auflage, S. 404 - 408

- Äußere Diskriminierung durch unterschiedliche Kleidung wird vermieden. Alle Kinder erhalten einheitliche Kleidung, Schuluniformen. Damit wird auch das Tragen von Kopftüchern für Schulkinder und Studenten untersagt.
- Wer sich als Zuwanderer nicht integrieren will, dem werden die finanziellen Zuwendungen spürbar gekürzt, bis hin zum vollständigen Entzug. Und weil es keine direkte finanzielle Unterstützung mehr für sogenannte Wohlstandsflüchtlinge gibt, versiegt hier der Zustrom dieser Personengruppe.
- Migrantensiedlungen und von Migranten dominierte Stadtgebiete verschwinden und auf deutschen Straßen hört man immer weniger Türkisch oder Arabisch.

Abb. 25: Zwei Szenarien – Traum und Alptraum
Traum ist eine gelungene Integration. Alptraum ist das Aussterben der deutschen Bevölkerung und Islam als dominierende Religion und Kultur.

4.3 Sarrazins Alptraum

Sarrazins Alptraum ist mit ganz konkreten Jahreszahlen gespickt. Es ist ein Szenario, das den Abstieg Deutschland als hochtechnisiertes, liberales und demokratisches Land erwartet[47].

- Für Sarrazin beginnt sein Alptraum mit einer grün-schwarzen Koalition im Jahr 2017. Nach und nach werden unter falsch verstandener Toleranz mehr und mehr freiheitliche Positionen aufgegeben.
- In Duisburg setzt das überfremdet Stadtparlament im Jahr 2021 durch, dass die Hälfte der Theateraufführungen künftig in türkischer oder arabischer Sprache erfolgen muss. Dies entspricht dem Bevölkerungsanteil.
- Ab 2037 wird der Unterricht in der „Muttersprache" der Kinder gehalten. Diese ist nicht mehr Deutsch. Deutsch wird als 2. Fremdsprache angeboten, 1. Fremdsprache ist Englisch. Damit verschwindet Deutsch als alleinige und offizielle Sprache.
- Mehr und mehr verfallen ab 2045 Kirchen, Burgen und Museen. Es werden dafür keine Gelder mehr bereit gestellt, da es sich ja nur um Kulturgüter einer Minderheit – den ehemaligen deutschstämmigen Einwohner – handelt. Die Gelder werden für Kulturgüter der neuen Mehrheiten zugewiesen.
- Das Ausbildungsniveau und die Leistungsbereitschaft lassen immer mehr nach. Ab 2050 verlassen

---

[47] Sarrazin, Thilo (2010): Deutschland schafft sich ab, 8. Auflage, S. 396 - 494

daher vermehrt auch mittelständische Unternehmen Deutschland. Großkonzerne haben sich schon früher mit ihrem Hauptsitz in andere Länder abgesetzt. Die Wertschöpfung in Deutschland und das Pro-Kopf-Einkommen sinken.

- Durch die hohe Fertilitätsrate der muslimischen Frauen gibt es um 2065 mehrheitlich Einwohner in Deutschland mit muslimischem Hintergrund. Die aktive Diskriminierung und Unterdrückung Andersgläubiger oder Atheisten nimmt zu, da sich Muslime als Mehrheit erstarkt fühlen und ihre Glaubensvorstellungen nun mit Druck durchsetzen können.

- Ab 2095 bieten die muslimischen Organisationen an, die immer mehr verfallenen Kirchen zu restaurieren. Voraussetzung ist aber, dass die künftig als Moscheen genutzt werden, das Kreuz auf dem Kirchturm abmontiert und durch einen Halbmond ersetzt wird.

- Im Jahr 2100 fordern Muslime, die inzwischen eine deutliche Mehrheit der Bevölkerung darstellen, eine andere Nationalflagge: schwarzer Hintergrund mit roten Halbmond und goldenen Sternen. Damit hätten sie großzügig Rücksicht genommen auf die Befindlichkeiten der deutschstämmigen Bevölkerung. Schließlich bleiben die Nationalfarben ja erhalten: Schwarz – Rot – Gold.

4.4 Wanderers Nachtlied

Etwas betrübt und resignierend stellt Sarrazin fest: *„Deutschland wird nicht mit einem Knall sterben. Es vergeht still mit den Deutschen und mit der demographisch bedingten Auszehrung ihres intellektuellen Potentials. Das Deutsche in Deutschland verdünnt sich immer mehr, und das intellektuelle Potential noch schneller. Wer wird in 100 Jahren „Wanderers Nachtlied" noch kennen? Der Koranschüler in der Moschee nebenan wohl nicht."*[48] Kennen Sie es (noch), das Gedicht von Johann Wolfgang von Goethe? Hier ist es:

Abb. 27: Über allen Gipfeln ist Ruh ...
Deutsche Sprache und Poesie ist nach Sarrazin dem Untergang geweiht.

[48] Sarrazin, Thilo (2010): Deutschland schafft sich ab, 8. Auflage, S. 393

Über allen Gipfeln
Ist Ruh.
In allen Wipfeln
Spürest du
Kaum einen Hauch.
Die Vögelein schweigen im Walde.
Warte nur, balde
Ruhest du auch.

Zitatenauswahl

Die folgenden Zitate sind eine sehr subjektive Auswahl aus Sarrazins Buch *Deutschland schafft sich ab* (8. Auflage). Durch diese Zusammenstellung wurde vermieden, dass die vorherigen Ausführungen zu sehr mit Zitaten überfrachtet sind. Außerdem sollen sie dem Leser der Zitate zusätzlich einige wesentliche Aussagen nochmals verdeutlichen. Manche Zitate können in ihrer umfassenden Bedeutung allerdings nur erschlossen werden, wenn man sie im Zusammenhang mit dem Originaltext studiert. Die Zahlen in der ersten Spalte sind die Seitennummern.

009   „Wer nicht lernt, bleibt unwissend. Wer zu viel isst, wird dick." Solche Wahrheiten auszusprechen, gilt als politische inkorrekt, ja als lieblos und eigentlich unmoralisch – zumindest aber ist es unklug, wenn man in politische Ämter gewählt werden möchte. Die Tendenz des politisch korrekten Diskurses geht dahin, die Menschen von der Verantwortung für ihr Verhalten weitgehend zu entlasten …

024   Eine Erklärung des menschlichen Verhaltens und seiner Entwicklung ist nur möglich, wenn man beide Elemente [Anmerkung: biologische und kulturelle Evolution] betrachtet, denn menschliche Gesellschaften und der Mensch als Gattung beeinflussen ihr Schicksal vor allem über die Steuerung der kulturellen Evolution.

034 Die Gesellschaft ist sich selbst Objekt und kann durch die Rahmenbedingungen, die sie sich selbst setzt, ihre Gestalt verändern. Wäre dies nicht so, dann wären alle menschlichen Gesellschaften wie die verschiedenen Schimpansenstämme im Urwald immer noch auf demselben Entwicklungsniveau, nämlich dem des afrikanischen Busches. Alle Untersuchungen zeigen, dass Volkswirtschaften, Gesellschaften und Staaten umso erfolgreicher sind, je fleißiger, gebildeter, unternehmerischer und intelligenter eine Bevölkerung ist.

040 Auf die Arbeitsproduktivität wirken aber auch Motivation, Qualifikation sowie der Fleiß und generell die Qualität der Arbeitskräfte ein. Diese sogenannten weichen Faktoren, die sich meist nur indirekt messen lassen, sind bestimmend dafür, dass Deutschland, obwohl es ein Hochlohnland ist, eine starke Stellung in der verarbeitenden Industrie behaupten konnte.

053 Bis 2050 wird die Bevölkerungszahl in Deutschland um rund 10 Prozent sinken, die Zahl der Erwerbstätigen zwischen 20 und 50 Jahren sogar insgesamt um 30 Prozent und die Zahl der Erwerbstätigen zwischen 20 und 50 Jahren noch mehr, nämlich um 40 Prozent. Die Zahl der Menschen im Rentenalter wird dagegen um rund 50 Prozent zunehmen.

058 Die deutsche Einwanderungspolitik der letzten Jahrzehnte hat nicht die Leistungsträger fremder Völker angelockt, sondern vornehmlich Landbewohner aus eher archaischen Gesellschaften, die in ihren Heimatländern am unteren Ende der sozialen Rangskala wie auch der Bildungsskala angesiedelt sind.

059 Die Zuwanderer aus dem ehemaligen Jugoslawien, der Türkei und den arabischen Ländern bilden den Kern des Integrationsproblems. Es gibt keinen erkennbaren Grund, weshalb sie es schwerer haben sollten als andere Immigranten. Ihre Schwierigkeiten im Schulsystem, am Arbeitsmarkt und generell in der Gesellschaft ergeben sich aus den Gruppen selbst, nicht aus der sie umgebenden Gesellschaft.

060 Bleiben die Geburtenraten der Migranten über dem deutschen Durchschnitt, setzt sich auch ohne weitere Einwanderung die „Verdünnung" der einheimischen Bevölkerung fort. Das ist nicht weiter schlimm. Aber wenn sich dadurch das Bildungs- und Qualifikationsprofil verschlechtern sollte, würde sich das sehr nachteilig auf die deutsche Zukunftsfähigkeit auswirken.

064　Die drei Migrantengruppen mit den größten Bildungsdefiziten und den höchsten Sozialkosten sind auch jene, die sich am stärksten vermehren. Menschen mit Migrationshintergrund Jugoslawien, Türkei, Nah- und Mittelost sowie Afrika stellen sechs Prozent der Bevölkerung in Deutschland, auf sie entfallen aber gut 11 Prozent aller unter 15-jährigen und ein noch deutlich höherer Anteil an den Geburten. (…) Es ist nämlich zu befürchten, dass sie zur überdurchschnittlichen Vermehrung jener bildungsfernen und von Transfer abhängigen Unterschicht beitragen, welche die Entwicklungsaussichten Deutschlands verdüstern.

087　Das Materielle stellt für den Einzelnen aber gar nicht so sehr das Problem dar, sondern der Mangel an Herausforderungen. Wer sich den Anforderungen des Arbeitsmarktes nicht stellen muss oder noch nie gestellt hat, verliert mit der Zeit viele Kompetenzen, die im sozialen Umgang wichtig sind. Dies gilt vor allem für jene, die die Arbeitslosigkeit nicht erst im höheren Lebensalter trifft.

091　Intelligenz ist aber zu 50 bis 80 Prozent erblich. Deshalb bedeutet ein schichtabhängig unterschiedliches Verhalten leider auch, dass sich das vererbte intellektuelle Potential der Bevölkerung kontinuierlich verdünnt. Dieser qualitative Effekt wirkt sich langfristig entscheidend auf die Zukunftsfähigkeit einer Gesellschaft aus.

092 Zu den vererblichen Eigenschaften gehören auch die Fähigkeiten des Gehirns. (…) Jeder Hunde- oder Pferdezüchter lebt davon, dass es große Unterschiede im Temperament und im Begabungsprofil der Tiere gibt und dass diese Unterschiede erblich sind. Dass heißt auch, dass manche Tiere schlichtweg wesentlich dümmer oder wesentlich intelligenter sind als vergleichbare Tiere ihrer Rasse.

093 Wenn es richtig ist, dass Intelligenz teilweise erblich ist, und wenn es richtig ist, dass Bevölkerungsgruppen mit unterschiedlicher Intelligenz eine unterschiedliche Fruchtbarkeit haben, dann hat eine unterschiedliche Fruchtbarkeit Auswirkungen auf das durchschnittliche Intelligenzniveau der betreffenden Bevölkerung.

097 Die Erkenntnis, dass Intelligenz zum Teil erblich ist, verträgt sich nur schwer mit Gleichheitsvorstellungen, nach denen die Ursachen von Ungleichheit unter den Menschen möglichst weitgehend in den sozialen und politischen Verhältnissen zu suchen sind.

100   Fassen wir zusammen: Unsere Gesellschaft schrumpft, sie wird älter, heterogener und gemessen an Bildungsindikatoren weniger leistungsfähig. Das in Deutschland überdurchschnittlich viele Kinder in sogenannten bildungsfernen Schichten mit häufig unterdurchschnittlicher Intelligenz aufwachsen, lässt uns schon aus rein demographischen Gründen dümmer werden. Der Anteil der Menschen, die aufgrund mangelhafter Bildung sowie intellektueller Mängel nur schwer in das moderne Arbeitsleben integriert werden kann, nimmt strukturell zu.

112   Je mehr sich die Transferleistungen nämlich dem unteren Bereich der durch Arbeit erzielten Einkommen annähern, desto mehr sieht der Arbeitende seine Leistung entwertet und sich in seinem sozialen Rang abgestuft. Das *Lohnabstandsgebot* hat nicht nur die Aufgabe, die Arbeitsanreize für die Empfänger von Transferleistungen ausreichend hoch zu halten, es ist auch eine wichtige Voraussetzung für den Stolz der Arbeitenden auf die eigene Leistung.

124 Der materielle Verbrauch ist also ein Zeichen sozialen Rangs. Weil das so ist, werden Maßanzüge, teure Uhren, unwirtschaftlich motorisierte Autos, edle Weine und große Flachbildschirme verkauft. Das heißt aber, dass Transferleistungen, die über die Grundbedürfnisse Nahrung, Kleidung, Obdach hinausgehen, gar nicht rein materiell bewertet werden können. (…) … da es eigentlich gar nicht mehr um materielle Werte geht, sondern um den sozialen Rang und die mit diesem verbundene soziale Wertschätzung.

126 Zahlreiche Künstler und viele Studenten leben von Einkommen am Rande oder unterhalb des sozioökonomischen Existenzminimums. Trotzdem sind sie glücklicher als die meisten Transferempfänger, weil sie ihren persönlichen Rang und ihren Platz in der Gesellschaft nicht aus ihrem Einkommensniveau herleiten und sich unabhängig fühlen. Wer frei ist, nicht von staatlicher Unterstützung abhängt, sondern sich selbst tummelt, fühlt sich in der Regel glücklicher als jemand, der vom Staat Alimente fürs Nichtstun bekommt.

132 Bekämpft werden muss dagegen die „Armut im Geiste", das heißt jene Kombination aus Bildungsferne, Sozialisationsdefiziten sowie Mangel an Gestaltungsehrgeiz und Lebensenergie, die große Teile der Unterschiede in Deutschland prägt.

149   Niemand ist stolz, der … in seinen besten Jahren von staatlicher Unterstützung lebt. Wo aber der Stolz fehlt, gedeiht die Antriebskraft schlecht, die man braucht, das bequeme Jetzt gegen ungewisse Härten einzutauschen. Solch ein Mensch konzentriert sich lieber auf kurzfristige Befriedigung. Die bieten ihm Alkohol, Zigaretten, Medienkonsum und Fastfood.

149   Nicht Kinder produzieren Armut, sondern Transferempfänger produzieren Kinder. Die Statistik scheint das zu belegen, denn in Deutschland bekommen diejenigen, die von sozialer Unterstützung leben, deutlich mehr Kinder als der vergleichbare Rest der Bevölkerung. Damit wächst in unserem Bildungssystem der Anteil der Kinder aus bildungsfernen Schichten kontinuierlich.

151   Weder moralisch noch funktional ist es richtig, dass jemand, der einen eigenen Beitrag leisten kann, von der Arbeit anderer ohne Gegenleistung lebt. Leistung ohne Gegenleistung sind jenen vorbehalten, die nicht anders können: die geistig oder körperlich stark Behinderten, die seelisch Kranken, die Alten oder die anderweitig Gebrechlichen.

154 Lässt man es zu, dass ein nennenswerter Teil der Bevölkerung im erwerbsfähigen Alter in transferabhängiger Passivität halbwegs komfortabel dahindämmert, tut man den Betroffenen den größten Tort an und schädigt auch die Kinder und Jugendlichen, die in solchen Strukturen aufwachsen, frühzeitig in ihrer geistigen und seelischen Entwicklung.

166 Migranten aus dem Nahen Osten oder der Türkei haben das große Los schon gezogen, wenn sie es ins deutsche System der Grundsicherung schaffen, dann verfügen sie – ohne dass ihnen eine Arbeits- oder nennenswerte Integrationsleistung abgefordert wird – über ein Einkommen, das sie in ihrer Heimat schon zu wohlhabenden Bürgern machen würde. Ohne Arbeit verdienen sie in Deutschland zumeist wesentlich mehr als in ihrer Heimat mit sehr harter Arbeit – wenn sie dort überhaupt welche fänden.

170 Das Reich der Arbeit ist das Reich der Sekundärtugenden: Pünktlichkeit, Zuverlässigkeit, Genauigkeit, Ordnungsliebe, Frustrationstoleranz, Ein- und Unterordnung. Ohne diese Eigenschaften funktioniert kein arbeitsteiliger Wertschöpfungsprozess, ja nicht einmal eine effizient arbeitende Putzkolonne. Die Geschichte zeigt, dass der Wohlstand der Nationen in hohem Maße davon abhängt, ob in der Bevölkerung diese Sekundärtugenden vertreten sind und wie sie gefördert, belohnt und weiterentwickelt werden.

173 Auf die genetische Prägung des Menschen wird die kulturelle Prägung der Gesellschaft, in der er seine Sozialisation erfährt, aufgesetzt, und die Prägung durch sein unmittelbares Umfeld treten hinzu. Insofern spielt in der Menschheitsgeschichte neben der genetischen Evolution durch natürliche Selektion die kulturelle Evolution eine Rolle, die Menschen und Gesellschaften in ganz unterschiedliche Richtungen führen kann. (…) Die jeweils unterschiedliche kulturelle und zivilisatorische Entwicklung führt zu unterschiedlichen Fortpflanzungs- und Überlebensmustern und bringt auch unterschiedliche genetische Ausprägungen hervor. Hier wirken kulturelle Entwicklung und natürliche Auslese aufeinander ein.

177 Millionen grundsätzlich arbeitsfähige Menschen von 30, 40 oder 50 Jahren werden dem Staat noch weitere 30 bis 50 Jahre auf der Tasche liegen, während ihre Fähigkeiten mehr und mehr verkümmern und ihre Sozialisation sich in die falsche Richtung entwickelt. (…) Wie könnte man das ändern? Grundsätzlich gibt es drei Wege: 1. Man senkt das Niveau der Grundsicherung, um mehr Anreize zur Arbeitsaufnahme zu schaffen. 2. Man schafft mehr Anreize zur Arbeitsaufnahme durch veränderte Anrechnungsvorschriften. 3. Erwerbsfähige Menschen unter der gesetzlichen Altersgrenze erhalten Leistungen der Grundsicherung nur noch gegen eine verpflichtende Arbeitsleistung.

182 Es kann nicht ungerecht sein, alle erwerbsfähigen Empfänger von Grundsicherung zu einer Gegenleistung zu verpflichten. Dabei kann zunächst dahingestellt bleiben, wir produktiv diese Gegenleistung ist und ob sie überhaupt produktiv ist. Entscheidend ist, dass sie ausnahlos eingefordert wird und die Anforderungen in Bezug auf Pünktlichkeit, Disziplin und Arbeitsbereitschaft dem regulären Arbeitsleben möglichst nahe kommen. Wer seinen Pflichten gar nicht nachkommt oder nur unpünktlich und unzuverlässig, dem würde die Grundsicherung gekürzt oder gestrichen.

191 Die drei Funktionen des Bildungssystems – Persönlichkeitsentwicklung, Zuteilung von Lebenschancen, Optimierung des Produktionsfaktors Arbeit – sind alle drei objektiv gegeben und gleichermaßen zwingend. Sie dürften eigentlich nicht gegeneinander ausgespielt werden, aber genau das geschieht ununterbrochen und bestimmt in 80 Prozent der bildungspolitischen Diskussionen.

195 Letztlich hängt der gesamte individuelle Bildungserfolg an den Kernkompetenzen In Leseverständnis und Mathematik. (…) Es ist alarmierend, dass zumindest an den Grund- und Hauptschulen in den letzten Jahrzehnten das Anforderungs- und Leistungsniveau in Mathematik und Lesen durchgehend gesunken ist.

223   Bei nicht homogenen Lerngruppen mögen die weniger Begabten zwar vom Niveau der Begabteren profitieren, aber nur, solange sie den Anschluss nicht verlieren. Einen vergleichbaren Vorteil für Leistungsträger, wenn sie mit weniger Leistungsstarken zusammen unterrichtet werden, gibt es allerdings nicht.

225   Nichts führt an der Erkenntnis vorbei, dass bei ungleichen Begabungen und ungleichen Charakterprofilen auch das gerechteste System bezüglich der Chancen zu ungleichen Ergebnissen führt. (…) Solange aber jeder die Chance erhält, sich im Bildungssystem nach seinen Potentialen und Neigungen zu entwickeln, ist die daraus resultierende Ungleichheit weder nachteilig noch verwerflich, sondern Ausdruck der Vielfalt des Lebens.

231 Die typische Begleitung eines Kindes aus bildungs-
fernem Hause müsst wie folgt aussehen:

- Nach der Geburt werden die Mütter bei Haus-
besuchen zu Ernährungsfragen und Kinder-
pflege angeleitet.
- Wenn das Kind das passende Alter erreicht hat,
kann ein Krippenbesuch empfohlen werden.
- Der Kita-Besuch vom dritten, spätestens vier-
ten Lebensjahr an wird bindend, er ist grund-
sätzlich auf Ganztagsbetreuung ausgerichtet.
- Die Schule wird vom ersten Schuljahr an als
Ganztagsschule geführt.
- Ein Freizeit- und Sportangebot schließt sich an
die Hausaufgabenbetreuung an.
- Schuluniformen sollten obligatorisch sein
- Die Schule konzentriert sich in den ersten
Jahren auf den Erwerb der Kernkompetenzen
Lesen, Schreiben, Rechnen.
- Mit fortschreitender Schullaufbahn werden
den leistungsschwächeren Kindern zunehmend
praktische Fächer angeboten.
- Zumindest für die größeren Kinder muss die
Ganztagsschule so aufgebaut sein, dass sie zu
Hause neben dem Wochenende nur den Feier-
abend verbringen.
  Auf den Erwerb und die Einübung von Sekun-
  därtugenden – Pünktlichkeit, Fleiß, Zuverlässig-
  keit, Ehrlichkeit – wird besonders Wert gelegt.

234 Die wohl größte Versuchung für die Bildungsfernen sind heutzutage die elektronischen Medien, deren unaufhörlicher Konsum zu Passivität und Verblödung, zu Übergewicht sowie Unterentwicklung von Kommunikationsverhalten und Sprachfähigkeit führt. (…) Die vier, fünf, sechs Stunden, die sie [Anm. die Kinder] täglich vor dem Computer verbringen, fehlen für Sport, soziale Kontakte und die Verbesserung der Schulleistungen. Und dies trägt wesentlich zum Scheitern der Schule bei.

235 Bildungsverläufe hängen in starkem Maße von der Familie ab, in der man aufwächst. Muslimische Migranten entstammen meist bildungsfernen Familien, die in ihren Heimatländern durchweg den Unterschichten angehörten. Insoweit ist ein Teil dessen, was in der Bildungspolitik als Integrationsproblem wahrgenommen wird, tatsächlich ein Schichtenproblem.

266 Das westliche Abendland sieht sich durch die muslimische Immigration und den wachsenden Einfluss islamistischer Glaubensrichtungen mit autoritären, vormodernen, auch antidemokratischen Tendenzen konfrontiert, die nicht nur das eigene Selbstverständnis herausfordern, sondern auch eine direkte Bedrohung unseres Lebensstils darstellen.

267 Wirtschaftlich brauchen wir die muslimische Migration in Europa nicht. In jedem Land kosten die muslimischen Migranten aufgrund ihrer niedrigen Erwerbsbeteiligung und hohen Inanspruchnahme von Sozialleistungen der Staatskasse mehr, als sie an wirtschaftlichem Mehrwert einbringen. Kulturell und zivilisatorisch bedeuten die Gesellschaftsbilder und Wertevorstellungen, die sie vertreten, einen Rückschritt. Demografisch stellt die enorme Fruchtbarkeit der muslimischen Migranten eine Bedrohung für das kulturelle und zivilisatorische Gleichgewicht im alternden Europa dar.

268 Das Problematische am heutigen Islam ist die Kombination von im Grunde rückständigen Gesellschaften, jugendlichen, stark wachsenden Völkern und einem Sendungsbewusstsein, dessen Facetten von aggressionsfreier Frömmigkeit bis zum Djihad reichen, wobei die Übergänge fließend sind.

269 Die meisten islamischen Glaubensrichtungen haben den gesellschaftlichen Entwicklungsprozess noch vor sich, den die Richtungen des Christentums in den letzten 500 Jahren mehrheitlich hinter sich gebracht haben.

273 Bei den christlichen Kirchen dauerte dieser Prozess [Anm. die Säkularisierung] viele hundert Jahre, und es flossen Ströme von Blut. Am Ende setzte die säkulare Staatsmacht überall die Säkularisierung *gegen* die Kirchen durch, nicht im Dialog mit den Kirchen, sondern durch Entscheidung der Monarchen beziehungsweise der Bürger gegen die Kirchen.

275 Niemand im säkularen Staat verlangt von einer Religion, den Glauben an die überzeitliche Geltung offenbarter religiöser Grundwahrheiten aufzugeben, nur dürfen diese nicht das staatliche Recht und die Regeln des zivilen Lebens bestimmen. (…) Hier nachzugeben, wäre ein schwerwiegender Einbruch in den säkularen Rechtsstaat.

277 Der Koran habe „einen absoluten Wahrheitsanspruch", schreibt der deutsche Orientalist Tilman Nagel, darum halten die meisten Muslime den Wechsel der Religion, die Apostasie, für eine schwere Sünde, für die nach Ansicht vieler Islamgelehrter in Saudi-Arabien und Afghanistan die Todesstrafe angemessen wäre. *Dabei ist gerade der Wechsel der Religion oder der Übergang zum Atheismus der eigentliche Testfall für Religionsfreiheit.*

291 Es reicht aus, dass Muslime unsere Gesetzt beachten, ihre Frauen nicht unterdrücken, Zwangsheiraten abschaffen, ihre Jugendlichen an Gewalttätigkeiten hindern und für ihren Lebensunterhalt aufkommen. Darum geht es. Wer diese Forderungen als Zwang zur Assimilation kritisiert, hat in der Tat ein Integrationsproblem

299 Das Tragen des Kopftuches drückt niemals nur Religiosität aus – eine gute Muslima kann man schließlich auch ohne Kopftuch sein –, sondern den Wunsch, sich von den „Ungläubigen" auch optisch zu unterscheiden. Das Kopftuch bedeutet gleichzeitig die Akzeptanz der Unterordnung der Frau unter den Mann, das heißt die Ablehnung der Emanzipation der Frau nach abendländischem Muster.

309 Es ist das Recht eines jeden Staates beziehungsweise einer jeden Gesellschaft, selbst zu entscheiden, wen sie in ihr Staatsgebiet beziehungsweise in ihre Gesellschaft aufnehmen wollen, und sie haben das Recht, dabei auf die Wahrung der Kultur und der Tradition ihres Landes zu achten. Einwanderungsländer wie die USA, Kanada und Australien haben dieses Recht stets wahrgenommen …

309 Ich [Anm. Thilo Sarrazin] möchte, dass auch meine Urenkel in 100 Jahren noch in *Deutschland* leben können, wenn sie dies wollen. Ich möchte nicht, dass das Land unserer Enkel und Urenkel zu großen Teilen muslimisch ist, dass dort über weite Strecken türkisch und arabisch gesprochen wird, die Frauen ein Kopf-tuch tragen und der Tages-rhythmus vom Ruf der Muezzine bestimmt wird. Wenn ich das erleben will, kann ich eine Urlaubs-reise ins Morgenland buchen.

312 Sagen wir es zurückhaltend: Die Türkei Erdogans passt kulturell nicht nach Europa, und ein Land, das seine Migranten dafür lobt, dass sie sich nicht in den Gastländern assimiliert haben, ist ein Störenfried im friedlichen Zusammenleben.

320 In der Türkei gibt es keine Grundsicherung oder Sozialhilfe wie in Deutschland, in anderen muslimischen Ländern auch nicht. Wer es irgendwie nach Deutschland … schafft und dort einen legalen Status erreicht hat, der sichert sich allein durch die Sozialtransfers ohne Arbeit ein Einkommen, das weit über dem liegt, was er im Herkunftsland mit Arbeit erwerben könnte. Das gilt noch mehr, wenn man Familie hat.

323 Durch die Größe der Familien [Anm. mit Migrationshintergrund] kommen sie häufig auf Transferzahlungen von 3.000 Euro und mehr im Monat, weit mehr als das, was man angesichts niedriger Bildung und mangelhafter Sprachkenntnisse am Arbeitsmarkt erzielen und weitaus mehr, als man jemals im Herkunftsland verdienen könnte. Wenn dann noch etwas Schwarzarbeit dazukommt — umso besser.

323 Das System ist pervers. Keine der Araberfamilien, deren Kinder die Neuköllner Grundschule besuchen, bekämen in den USA auch nur einen müden Cent. … Aufgrund der üppigen Zahlungen des deutschen Sozialstaats ziehen wir eine negative Auslese von Zuwanderern an.

324 Mit der Attitüde, die muslimische Migranten im deutschen Sozialstaat sanktionslos entwickeln können, würden sie in ihren Heimatländern untergehen. Als sie zu uns kamen, waren sie großenteils ungebildet und unwissend, aber möglicherweise leistungsbereit. Indem der deutsche Sozialstaat ihnen mehr Unterstützung zukommen lässt, als sie durch Arbeit jemals verdienen könnten, werden sie systematisch, wenn auch ohne Absicht, korrumpiert.

327   Bei uns muss sich niemand integrieren. Es reicht, wenn er jemanden findet, der ihm den Antrag auf Grundsicherung ausfüllt und bei der Wohnungssuche behilflich ist.

346   Das ist die Mehrheit der Politiker in allen Parteien, sie sich lieber darüber aufregen, dass die Temperatur in 100 Jahren um zwei bis vier Grad steigt, anstatt darüber, dass die Zahl der Deutschen im selben Zeitraum um 80 Prozent sinken wird. Den letzteren [Anm. den Politikern] kann man sagen, dass die deutsche Geburtenrate allemal leichter zu beeinflussen ist als die durchschnittliche Welttemperatur. Wer sich bei der Geburtenrate nichts zutraut, braucht bei der Welttemperatur gar nicht anzutreten.

349   Die weltweite Rezeption zeigt, dass die Darwinsche Evolutionstheorie keine ernsthaften wissenschaftlichen Gegner mehr hat. Abgelehnt wird sie weiterhin von fundamentalistischen Christen in den USA und in weiten Teilen der muslimischen Welt. Muslimische Studenten in den Niederlanden lehnen die Evolutionstheorie fast ausnahmslos ab, ebenso 75 Prozent der Türken, 86 Prozent der Pakistaner und 92 Prozent der Ägypter.

350   Während die Erblichkeit von Haar- und Augenfarbe für niemanden ein Problem darstellt und auch die Erbkomponente bei Temperament und Charakter für die meisten akzeptabel ist, tun sich viele mit der Erblichkeit geistiger Fähigkeiten schwer. Richtig ist, dass über der Erblichkeit geistiger Potentiale die kolossale Bildsamkeit des menschlichen Geistes nicht vernachlässigt werden darf. (…) Wäre Intelligenz nicht erblich, hätten die geistigen Fähigkeiten der Lebewesen nicht durch natürliche Selektion zunehmen können.

357   Generell ist für Deutschland empirisch belegt, dass die Fruchtbarkeit der Menschen umso höher ist, je niedriger der Bildungsgrad, der sozioökonomische Status, das Einkommen und – kausal mit den drei Punkten zusammenhängend – die Intelligenz ist.

368   Deutschland wird sich kulturell bis zur Unkenntlichkeit verändern, wenn wir einer Entwicklung freien Lauf lassen, die dazu führen kann – und wahrscheinlich führen wird -, dass die großen Städte Deutschlands, vielleicht aber auch das ganze Land, nach wenigen Generationen von einer muslimischen Mehrheit türkischer, arabischer und afrikanischer Herkunft bewohnt wird.

370   Wer aus Afrika, Nah- und Mittelost nach Deutschland einwandert, will seinen Lebensstandard verbessern. Das garantiert ihm das deutsche Sozialsystem auch ohne Arbeit. Wer dagegen in die USA oder nach Kanada einwandert, weiß genau, dass ihm nur seine Hände und sein Kopf zu einem besseren Leben verhelfen können.

371   Nach Deutschland einwandern lohnt sich auch für Unfähige und Faule, sofern ihr Heimatland nur arm genug ist.

372   Die Fremden, die Frommen und die Bildungsfernen sind in Deutschland überdurchschnittlich fruchtbar. Im Falle der muslimischen Migranten sind die drei Gruppen weitgehend deckungsgleich.

392   Ich möchte aber, dass meine Nachfahren in 50 und auch in 100 Jahren noch in einem Deutschland leben, in dem die Verkehrssprache Deutsch ist und die Menschen sich als Deutsche fühlen, in einem Land, das seine kulturelle und geistige Leistungsfähigkeit bewahrt und weiterentwickelt hat, in einem Land, das eingebettet ist in einem Europa der Vaterländer.

393   Machen wir weiter, wie in den letzten 40 Jahren, so wird unsere Bevölkerung nicht nur demografisch schrumpfen, sondern auch intellektuell verkümmern.

393 Deutschland wird nicht mit einem Knall sterben. Es vergeht still mit den Deutschen und mit der demografisch bedingten Auszehrung ihres intellektuellen Potentials. Das Deutsche in Deutschland verdünnt sich immer mehr, und das intellektuelle Potential verdünnt sich noch schneller. Wer wird in 100 Jahren „Wanderers Nachtlied" noch kennen? Der Koranschüler in der Moschee nebenan wohl nicht.

394 Wir Deutschen müssen nicht vertrieben werden, wir ziehen uns still aus der Geschichte zurück nach der Gesetzmäßigkeit der Sterbetafel des Statischen Bundesamtes.

395 Die Zeit vor 100 Jahren ist nah und fern zugleich, nicht anders ist es mit der Zeit in 100 Jahren. (…) Der Mensch, der sich für seine Herkunft und für die Geschichte seiner Nachfahren interessiert, lebt in einem Ausschnitt der Weltgeschichte, der – je nach persönlichem Lebensalter – 80 bis 150 Jahre in die Zukunft reicht. Das ist auch etwa der Horizont seines Interesses an der Zukunft.

396 Wir haben das Schicksal und die Lebensverhält-
nisse unserer Kinder, Enkel und Urenkel in viel
höherem Maße in der Hand, als wir glauben. Wir
können es aber auch verhunzen. Politische Kata-
strophen und ganz neuartige Technologien sind
nicht vorhersagbar, die Folgen politischer Entschei-
dungen in die eine oder andere Richtung schon.

412 Es schadet nicht, die eigene gefestigte Meinung immer wieder in Frage zu stellen, denn in der Weite
der sozialen Wirklichkeit gibt es nur wenige end-
gültige und abschließende Antworten.

Literaturübersicht

Es gibt unzählige Zeitungs- und Zeitschriftenartikel zum Thema Dr. Thilo Sarrazin und sein Buch *Deutschland schafft sich ab*. Im folgenden Verzeichnis sind der Übersicht wegen hauptsächlich Artikel einer überregionalen Zeitschrift (Frankfurter Allgemeine Zeitung) genannt. Bei den fett hervorgehobenen Nennungen handelt es sich um Bücher oder mehrseitige Broschüren.

Albrecht, J., & Stollorz, V. (5.09.2010). Wir sind alle Schlümpfe. Intelligenz fällt nicht vom Himmel. *Frankfurter Allgemeine Zeitung*, S. 61 - 63.

Bellers, J. (2010). *Zur Sache Sarrazin. Wissenschaft – Medien – Materialien.* Berlin: LIT Verlag.

Blackmore, S. (2000). *Die Macht der Meme oder die Evolution von Kultur und Geist,* Heidelberg: Spektrum Verlag

Diamond, J. (2006). *Kollaps. Warum Gesellschaften überleben oder untergehen.*

Eichenhain, M. (2009). *2034 Der Abschied vom Abendland* (2 Ausg.). Rodenbach: Eichenhain.

Helmes, P. (2010). *Sarrazin. Und er hat doch recht* (1 Ausg.). Hamburg: Deutschland-Magazin.

Kelek, N. (30.08.2010). Ein Befreiungsschlag. Die Thesen von Thilo Sarrazin zu Bildung und Zuwanderung sollte man diskutieren. *Frankfurter Allgemeine Zeitung*, S. 23.

Kelek, N. (6.09.2010). Sarrazins Analyse ist eine Ohrfeige für die Parteien. *FOCUS*, S. 60 - 62.

Luft, S. (17.11.2010). Einwanderung ohne Steuerung. *Frankfurter Allgemeine Zeitung*, S. 8.

Metz, W. (23.10.2010). Der Islam und die geistige Verarmung des Westens. Leserbrief. *Frankfurter Allgemeine Zeitung*, S. 37.

Mihm, A. (8.11.2010). Ein aus der Welt geformtes Land. Kanada ist gegenwärtig in aller Munde – wegen seines Punktesystems für Einwanderer. *Frankfurter Allgemeine Zeitung*, S. 5.

Mühl, M. (23.10.2010). Der Zug fährt ab. Wenn inzwischen sogar Migranten aus Migrantenviertel wegziehen. *Frankfurter Allgemeine Zeitung*, S. 32.

N.N. (3.11.2010). Brüderle will rasche Entscheidung über Fachkräfte-Zuwanderung. *Frankfurter Allgemeine Zeitung*, S. 13.

N.N. (2010). *Der Fall Sarazin.* Albersroda: IfS Institut für Staatspolitik.

N.N. (9.10.2009). Zentralrat der Juden stellt Sarrazin mit Hitler in eine Reihe. *www.bild.de*.

Nassehi, A. (13.10.2010). Die Biologie spricht gegen Biologismus. *Frankfurter Allgemeine Zeitung*, S. N3.

Rindermann, H., & Rost, D. (7.09.2010). Was ist dran an Sarrazins Thesen? *Frankfurter Allgemeine Zeitung*, S. 29-30.

Sarrazin, T. (2010). *Deutschland schafft sich ab. Wie wir unser Land aufs Spiel setzen* (8 Ausg.). München: Deutsche Verlags-Anstalt.

Schirrmacher, F. (1.10.2010). Die Zustimmung beunruhigt mich etwas. Gespräch mit Thilo Sarrazin. *Frankfurter Allgemeine Zeitung*, S. 33-35.

Schirrmacher, F. (29.08.2010). Ein fataler Irrweg. Thilo Sarrazin ist der Ghostwriter einer verängstigten Gesellschaft. *Frankfurter Allgemeine Zeitung*, S. 21.

Schirrmacher, F. (19.09.2010). Frau Merkel sagt, es ist alles gesagt. *Frankfurter Allgemeine Zeitung*, S. 25.

Schwarz, P. (2010). *Die Sarrazin Debatte. Eine Provokation – und die Antworten* (1 Ausg.). Hamburg: *Die Zeit*.

Seidl, C. (5.09.2010). Die Kathastrophe hat längst begonnen. Und wer glaubt, Sarrazins Ächtung helfe? *Frankfurter Allgemeine Sonntagszeitung*, S. 25.

Spengler, O. (1917). *Der Untergang des Abendlandes. Umrisse einer Morphologie der Weltgeschichte.* München: C. H. Beck (Sonderausgabe).

Stern, E. (2.09.2010). Jeder kann das große Los ziehen. *Frankfurter Allgemeine Zeitung*.

Urban, Martin (2010). *Die Bibel – Geschichte eines Buches*, München: Piper

Weede, E. (8.10.2010). Domographie, Intelligenz und Zuwanderung. *Frankfurter Allgemeine Zeitung*, S. 12.

Wehler, H.-U. (7.10.2010). Ein Buch trifft ins Schwarze. *Die Zeit*, S. 55.

Wehler, H.-U., & Kaube, J. (9.10.2010). Sarrazin und die Bildungskatastrophe. Ein Gerspräch mit Hans-Ulrich Wehler. *Frankfurter Allgemeine Zeitung*, S. 33.

Internetquellen der Bildzitate

Die Nummern der folgenden Liste bziehen sich auf die Nummern der Abbildung im Text.

Zugriff auf die entsprechenden Quellen: Februar 2011.

2   http://www.tz-online.de/
       bilder/2010/08/29/897463/1457551853-thilo-sarrazin.9.jpg

3   http://blog.zvab.com/wp-content/lettre_cover.jpg

4   http://www.abendblatt.de/multimedia/archive/00558/
       merkel_wulff_HA_Spo_558961c.jpg

5   http://naturaldrift.files.wordpress.com/2009/12/jared-
       diamond.jpg

5   http://media2.libri.de/shop/
       coverscans/521/5216907_5216907_xl.jpg

6   http://www.welt.de/multimedia/archive/00851/
       Weltbevoelkerung_DW_851252p.jpg

9   http://www.welt.de/multimedia/archive/01288/kami_
       Aufstand_schw_1288254z.jpg

9   http://www.welt.de/multimedia/archive/01288/kami_
       Aufstand_auss_1288261s.jpg

16   http://www.pi-news.net/wp/uploads/2010/10/Kelek.jpg

17   http://img.dailymail.co.uk/i/pix/2008/03_01/
       mosesHeston2703_468x611.jpg

18   http://www.wallpapersphere.com/movies-wallpapers/hotel-for-dogs/hotel-for-dogs-2.html

19   http://www.nndb.com/people/478/000165980/lewis-terman-1-sized.jpg

23   http://www.derunglaublicheheinz.de/home.html

24   http://www.goergens-miklautz.de/klimaxjs/images/erderwaermung.jpg

25   http://www.landtag.nrw.de/portal/Grafiken/Fotos/Infos_Presse/2007/05/teaser_kinder_gr.jpg

25   http://www.n24.de/media/import/afp/afp_20100307_12/photo_1267959571551-1-0.jpg

27   http://www.alpenverein.at/graz-mureck/Berichte/Berg-Abendstimmung-Drautal.jpg